中华医学健康科普工程
突发应急事件公众心理应对指南系列丛书

突发应急事件成瘾行为的识别及应对

王长虹　高　昶　丛书主编
张瑞岭　谌红献　主　编

中华医学会科学普及部
中华医学会行为医学分会
中华医学会精神医学分会
中国医师协会精神科医师分会
组织编写

中華醫學電子音像出版社
CHINESE MEDICAL MULTIMEDIA PRESS
北　京

图书在版编目（CIP）数据

突发应急事件成瘾行为的识别及应对 / 张瑞岭，谌红献主编．—北京：中华医学电子音像出版社，2021.1

（突发应急事件公众心理应对指南系列丛书 / 王长虹，高昶主编）

ISBN 978-7-83005-339-0

Ⅰ．①突…　Ⅱ．①张…②谌…　Ⅲ．①疫情管理 - 关系 - 社会病态 - 管理 - 研究 - 中国　Ⅳ．① R181.8 ② D669.8

中国版本图书馆 CIP 数据核字（2020）第 230752 号

突发应急事件成瘾行为的识别及应对

TUFA YINGJI SHIJIAN CHENGYIN XINGWEI DE SHIBIE JI YINGDUI

主　　编：张瑞岭　谌红献
策划编辑：裴　燕
责任编辑：宫宇婷
校　　对：张　娟
责任印刷：李振坤
出版发行：中华医学电子音像出版社
通信地址：北京市西城区东河沿街 69 号中华医学会 610 室
邮　　编：100052
E - mail：cma-cmc@cma.org.cn
购书热线：010-51322677
经　　销：新华书店
印　　制：北京云浩印刷有限责任公司
开　　本：880 mm×1230 mm　1/32
印　　张：3.25
字　　数：60 千字
版　　次：2021 年 1 月第 1 版　　2021 年 1 月第 1 次
定　　价：18.00 元

内容简介

本书为《突发应急事件公众心理应对指南系列丛书》之一，由中华医学会科学普及部、中华医学会行为医学分会、中华医学会精神医学分会和中国医师协会精神科医师分会组织多个精神卫生机构的成瘾医学专家编写而成，内容包括突发应急事件期间网络成瘾的识别及应对、酒精滥用与成瘾的识别及应对、烟草成瘾的识别及应对、镇静催眠药物滥用与成瘾的识别及应对、毒品成瘾的识别及应对。本书既能满足公众对疫情期间成瘾行为识别及应对方面科普知识的需求，也能满足医务工作者对相应行为进行临床评估的需求，科学性、实用性和指导性强，适合公众和医务工作者阅读参考。

《突发应急事件公众心理应对指南系列丛书》编写委员会

组织编写

中华医学会科学普及部

中华医学会行为医学分会

中华医学会精神医学分会

中国医师协会精神科医师分会

指导委员会

主任委员	陆　林			
副主任委员	姜永茂	唐　芹	李凌江	王高华
	郝　伟	徐一峰	李　涛	季建林
	白　波			
委　　员	陆　林	姜永茂	唐　芹	李凌江
	王高华	郝　伟	徐一峰	李　涛
	季建林	白　波	魏　镜	杨艳杰
	于　欣	方贻儒	时　杰	唐向东
	贾福军	况　利	杜亚松	杨甫德
	李春波	岳伟华	苏林雁	刘铁桥

《突发应急事件成瘾行为的识别及应对》
编写委员会

主　　审　王长虹　郝　伟

主　　编　张瑞岭　谌红献

编　　委　（以姓氏笔画为序）

王　丹　河南省心理咨询中心

王传升　新乡医学院第二附属医院

刘学兵　武汉市精神卫生中心

杜　江　上海市精神卫生中心

张瑞岭　新乡医学院第二附属医院

苗　琴　新乡医学院第二附属医院

周旭辉　湖南省脑科医院 / 湖南省第二人民医院

徐亚辉　新乡医学院第二附属医院

谌红献　中南大学湘雅二医院精神卫生研究所

廖艳辉　浙江大学医学院附属邵逸夫医院

序

突发应急事件是指突然发生，造成或可能造成严重社会危害，需要采取应急处置措施予以应对的自然灾害、事故灾难、公共卫生事件和社会安全事件。突发应急事件作为严重的外部应激源，当超出个体的应对能力时，会导致个体发生明显的生理反应和心理反应，即应激反应，可表现为一系列情绪、认知、行为和生理上的变化。2019 年底，新型冠状病毒肺炎疫情突如其来，是中华人民共和国成立以来传播速度最快、感染范围最广、防控难度最大的一次重大突发公共卫生事件，给人们的生命安全和身体健康带来了重大危害。这场疫情打乱了人们原有的生活节奏，给全国乃至全球人群带来了深远的精神心理影响。一项对全国 5 万余名居民进行的线上调查结果显示，新型冠状病毒肺炎疫情期间超过 1/3 的居民出现焦虑、抑郁、失眠或急性应激症状，且新型冠状病毒肺炎患者及其家人、一线工作者、隔离人群等更容易出现精神心理问题。世界卫生组织（WHO）总干事谭德塞指出，新型冠状病毒肺炎疫情对人们的心理健康产生深远影响，心理工作者应充分关注突发应急事件期间人们可能出现的心理卫生问题，及时发现并有效应对。

为提升人们在突发应急事件期间对心理健康的重视，且提高对精神心理问题的积极应对能力，加强对心理健康知识的了解，在中华医学会科学普及部、中华医学会行为医学分会、中华医学会精神医学分会及中国医师协会精神科医师分会的组织下，河南省精神卫生中心（新乡医学院第二附属医院）联合国内20多家高等院校和科研院所的医学专家，紧扣突发应急事件中加强心理干预和疏导的需求，撰写了《突发应急事件公众心理应对指南系列丛书》，结合新型冠状病毒肺炎疫情期间不同特征人群出现的心理反应和问题，分别对突发应急事件下成人、老年人、儿童青少年、大学生及特殊群体等不同人群的常见心理问题给予深入浅出的科学解释及应对策略指导，具有较强的针对性和实用性。同时，配套出版了视频、音频等系列出版物，包括突发应急事件不同人群的心理干预、常见心理障碍的识别与干预、常见心理问题的应对、常见心理减压技术等，旨在通过图书、视频、音频等不同形式，对突发应急事件下公众的心理问题识别及应对措施进行科学普及。感谢本系列丛书编审委员会各位专家及参与编写的医务人员在策划、选题、编审等工作中所做的贡献。

本系列丛书内容科学准确，语言通俗易懂，不仅可以作为公众心理卫生知识的科普读物，提高公众对突发应急事件的应对能力，也可以作为精神卫生工作者、心理健康工作者、心理援助热线工作者、临床医生及相关工作人员、社会工作者、社区防控人员等日常工作的工具书。

新型冠状病毒肺炎疫情作为近年发生的最严重的突发应急事件，是中华民族在伟大复兴征程中面临的一次前所未有的考验，伟大的祖国，英雄的人民，书写了人类历史上可歌可泣的抗疫篇章。灾难并不只能带来悲伤与痛苦，也能带来重塑与光明！疫情面前，没有局外人！希望我们通过这场战“疫”学会珍惜、自省、敬畏、感恩、担当、自律、静心、乐观，从这场战“疫”中汲取力量，在危机中成长，从磨难中奋起！

灾难磨砺精神，梦想凝聚力量！

中国科学院院士

北京大学第六医院院长

2020 年 12 月

前　言

突发应急事件是指突然发生，造成或可能造成严重社会危害，需要采取应急处置措施予以应对的自然灾害、事故灾难、公共卫生事件和社会安全事件。2019 年底，突如其来的新型冠状病毒肺炎疫情，是目前我国发生的传播速度最快、感染范围最广、防控难度最大的一次重大突发公共卫生事件。此次疫情不仅严重威胁人们的生命安全及身体健康，同时也影响了人们的心理健康。这场疫情防控阻击战不仅是一场与新型冠状病毒斗争的“病毒防御战”，也是一场与不良心理和情绪斗争的“心理防御战”。因此，除了“硬核”的医疗防护，“柔性”的心理防护同样必不可少。经验证明，在应对重大突发公共事件时，通过及时的心理疏导、有针对性的人文关怀、专业性的心理健康服务等，将心理危机干预纳入疫情防控整体部署，构筑防疫抗疫的心理防线，其实就是为人们戴上“心灵口罩”，有助于帮助人们消除不良情绪，预防、减轻、控制疫情所导致的心理伤害及不良行为，同时减缓疫情造成的社会影响，促进社会稳定。

自疫情发生以来，习近平总书记多次强调心理疏导、人文关怀的重要性，国家卫生健康委员会也及时发布了《新型冠状病毒感染的肺炎疫情紧急心理危机干预指导原则》。鉴于疫情期间公众常出现焦虑、恐惧、抑郁、愤怒、疑病、强迫、失眠等心理问题，以及多种不明原因的躯体不适感及症状，部分公众不能积极健康应对，而是通过过度地玩网络游戏、饮酒、吸烟、吸毒、赌博、服用镇静催眠药物等不良方式来应对，易引发各种适应不良行为，如网络成瘾、酒精滥用与成瘾、烟草成瘾、吸毒成瘾、赌博成瘾、镇静催眠药物滥用与成瘾等。这些成瘾行为的发生、发展及复发与疫情应激因素互相影响，将给个体、家庭、社会带来严重不良风险。一些网络线上调查显示，疫情期间网络过度使用、饮酒成瘾、吸烟成瘾等问题比较突出，相关机构应予以充分关注并及早应对。

为此，在中华医学会科学普及部、中华医学会行为医学分会、中华医学会精神医学分会及中国医师协会精神科医师分会的组织下，河南省精神卫生中心（新乡医学院第二附属医院）联合中南大学湘雅二医院精神卫生研究所、上海市精神卫生中心、湖南省脑科医院（湖南省第二人民医院）、武汉市精神卫生中心和浙江大学医学院附属邵逸夫医院的成瘾医学专家，紧扣当前新型冠状病毒肺炎疫情防控中加强心理干预和疏导的需求，根据多年积累的成瘾医学及心理干预工作经验撰写本书，为公众了解疫情对成瘾行为的影响、识别、应对等提供了丰富的资料，为疫情期间避免适应不良行为的发生、发展及处置提供了指导。

本书的编写得到了中华医学会科学普及部、中华医学会行为医学分会、中华医学会精神医学分会及中国医师协会精神科医师分会领导的大力支持，以及国内多所高校或医院成瘾医学专家的积极参与，在此深表谢意。由于编写时间有限，书中难免有疏漏之处，敬请各位读者提出宝贵意见，我们将悉心接受，以便今后补充完善。

张瑞岭　谌红献

2020 年 12 月

目　录

第一部分

突发应急事件期间网络成瘾的识别及应对

网络是把双刃剑，它是人与人之间沟通的桥梁，是人们了解外界的工具，可以帮助人们开阔视野、加强对外交流，也可以促进人们的个性化发展，在一定程度上帮助或促进学生的学业，在教育方面大大拓展教育空间等。互联网是继报纸、广播、电视之后的“第四媒体”，拥有上述三大媒体不具备的丰富的信息资源，传播方式灵活、快捷。网络给人们的工作和生活带来前所未有的便捷，更是吸引无数“网虫”在信息的海洋里如痴如醉地遨游。中国互联网信息中心在2019年8月30日发布的第44次《中国互联网络发展状况统计报告》中指出，截至2019年6月，我国网民规模达8.54亿，其中手机网民规模达8.47亿。对于许多与网络应用相关的行为，如网络订餐、网络购物、网络（手机）支付、网络办事（政务服务）、网络共享单车、网络文学、网络娱乐等，人们已习以为常，并在共享互联网发展成果上也拥有了更多获得感。与此同时，网络过度使用且深陷其中者也与日俱增。网络过度使用将会对使用者的躯体、心理、学业、职业、人生观、社会功能、家庭等造成一系列负面影响，甚至导致网络成瘾。大量研究发现，网络成瘾一方面会阻碍青少年生理、心理的健康发展，另一方面将破坏社会的稳定发展。2018 年 4 月，教育部办公厅发布了《关于做好预防中小学生沉迷网络教育引导工作的紧急通知》，强调了预防中小学生沉迷网络的重要性和紧迫性。

自新型冠状病毒肺炎疫情暴发以来，面对“抗疫”和“居家隔离”的双重压力，人们可能出现恐惧、紧张、焦虑、失眠、空虚无聊、躯体不适等问题，既可能采用积极、健康的方式应对，也可能采用网络过度使用等不良方式来应对，由此增加网络成瘾的发生风险。下文将阐述如新型冠状病毒肺炎疫情这样的突发应急事件对网络使用的影响，以及疫情期间网络成瘾的识别及应对。

一、突发应急事件对网络使用人群的影响

中国青少年网络协会发布的《中国青少年网瘾数据报告（2014）》显示，我国网瘾青少年约占青少年网民总数的 9.72%，近 50% 的网瘾青少年上网的主要目的为聊天或交友，网瘾青少年中玩网络游戏的比例为 40.77%，青少年男性网民网瘾的比例为 13.29%，青少年女性网民网瘾的比例

为 6.11%，18～23 岁青年网瘾的比例高达 11.39%，娱乐性活动远远高于实用性活动。由此可见，应引导个体理性上网，将网络主要用于有利于个体发展的学习、工作及有效的人际交往等活动，即实用性活动，避免过多娱乐性使用，预防网络成瘾。

新型冠状病毒肺炎疫情发生后，全国多地相继启动重大突发公共卫生事件一级响应。为有效控制疫情扩散，各地相关部门采取了一系列措施，如禁止聚集性活动、封村封城、工厂停产、学校延迟开学等。面对疫情的传染性和致死性等各种不确定的因素，人们频繁使用手机，注意力主要集中在新型冠状病毒肺炎疫情相关话题上，一上网，映入眼帘的就是新型冠状病毒肺炎疫情的相关信息。疫情下，人们突然被迫长时间隔离在家，正常的生活、工作及学习空间改变，日常社交关系中断，大量的空余时间难以消磨，加之网络和智能手机的普及，都可能增加个体沉迷网络游戏、短视频、网络小说甚至涉及网络赌博、网络色情的风险。此外，有研究显示，成瘾康复患者习惯采用既往的行为模式来应对应激状态下的负性情绪。网络成瘾者在应激状态下会增加使用网络的频率和时间。

疫情期间，网络成瘾的发生、发展及复发与应激状态可能互相影响、互相加重，给患者和社会带来更严重的风险。因此，需要对网络成瘾尽早识别、关注及应对。

二、网络成瘾的识别

网络成瘾，又称网络成瘾障碍、网络过度使用、网络滥用、网络误用、网络狂、病态网络使用、上网依赖、计算机依赖、病理性使用电子媒介产品等，是指由于网络使用所引起的心理、精神、躯体等一系列综合征，表现比较复杂，具有躯体依赖性和心理依赖性，会出现戒断症状、生物钟紊乱等。《中国青少年健康教育核心信息及释义（2018 版）》将网络成瘾定义为在无成瘾物质的作用下对互联网使用冲动的失控行为，表现为过度使用互联网后导致明显的学业、职业、社会功能损伤。

网络使用者应对照自我的网络使用状况，从临床表现、诊断标准、量表测评等方面来识别网络成瘾。必要时，网络使用者可以求助于成瘾医学的专业人员及机构来进行专业诊断。

（一）从网络成瘾的临床表现来识别

1. 网络成瘾的临床表现

（1）网络成瘾综合征：上网后精神亢奋并乐此不疲，感到心情愉快或情感高涨，长时间使用网络以获得心理上的满足感；会出现立即想要上网的需求；兴趣产生偏离，对网络依依不舍，上网高于一切，排斥其他事物，精力长时间过分集中于某个方面而难以控制，甚至为了上网放弃或减少重要的社会、职业或娱乐活动，或为上网甘愿冒险；感觉上网其乐无穷，上网次数逐渐增多，上网时间逐渐延长；尽管知道网络使用可能引起或加重躯体、社会、职业或心理问题，但节制上网经常失败；反复出现网络戒断症状，若重新上网则症状迅速消失；难以保持长时间不接触网络，反复戒断后又重新上网。

（2）网络戒断综合征：当网络成瘾者停止或减少网络使用后，一般在数天到1个月内会出现戒断症状，一般情况下躯体戒断症状比较少见或轻微。网络成瘾者上网时神采奕奕、思维敏捷；一旦停止或减少网络使用则表现出激越、焦虑不安、紧张、心烦意乱、易激惹、情绪低落、失眠等症状；下网时强迫性思考网络上发生的事情，有关网络的情况反复出现在梦中或幻想中，出现随意或不随意地用手指敲击键盘的动作等情况。

（3）心理功能损害：长时间使用网络导致使用者出现个性改变及负性情绪，如与社会的交往越来越少，甚至足不出户，孤僻懒散，与家人亲情淡漠、形同陌路，撒谎、逆反、敌对，以及焦虑、抑郁、无精打采等。

（4）社会功能损害：长期无节制地使用网络必然会损害个体的社会功能，影响其人际关系，如夫妻关系、亲子关系及朋友关系；给青少年带来行为问题，导致学习兴趣下降、成绩下滑、厌学、逃课、失学、违纪和违法行为等；给成年人带来工作问题，严重破坏正常的工作秩序，工作效率低下；造成日常生活问题，网络使用者不关心衣食住行、不注意个人卫生等。

（5）躯体功能损害：长期使用网络也会给使用者造成生理方面的不良影响，出现视力下降、眼痛、眼干、躯体疼痛、鼠标手、颈椎病、消化不良、食欲下降、记忆力下降、面部斑点、过度疲劳、睡眠不足等问题。

2. 网络成瘾的类型

根据上网的目的，网络成瘾可以分为5种类型，即网络游戏成瘾、网络交际成瘾、网络色情成瘾、网络交易成瘾和网络信息收集成瘾。其中，以沉迷网络游戏和网上聊天比较多见，常严重影响网络成瘾者正常的生活、工作、学习和社会交往等。

（二）从网络成瘾的诊断标准来评估

1.《国际疾病分类（第11版）》中游戏障碍的诊断标准

2019年5月25日，世界卫生大会审议通过《国际疾病分类（第11版）》（以下简称ICD-11）。其中，将“游戏障碍”作为新增疾病，纳入“成瘾行为所致障碍”疾病单元中。描述其核心特征为：持续或反复的游戏行为模式，具体表现为失控性游戏行为（如无法控制游戏行为的开始、频率、持续时间、终止时间等），游戏行为成为生活优先事项，尽管游戏造成负面后果仍无法停止；游戏行为模式可以是持续性的或发作性的，并持续 12 个月，但如果症状足够严重且满足其他诊断要点，持续时间可短于 12 个月；游戏行为模式会导致明显的个人、家庭、人际关系、学业、职业及其他重要领域的功能损害。

2. Goldberg 提出的网络成瘾诊断标准

根据 Goldberg 在 1995 年提出的诊断标准，在 12 个月内表现为下列 3 条或 3 条以上即符合网络成瘾的诊断。

（1）耐受性：表现为下列 2 条中的 1 条。①需要显著增加上网时间以达到满足；②继续使用同样的时间上网，但满足感显著降低。

（2）戒断：表现为下列 2 条中的 1 条。①特征性戒断症状：停止或减少过度和延长时间的网络使用，然后在数天到 1 个月内出现下列 2 条或 2 条以上症状，包括精神运动性激越、焦虑、强迫性思考网上发生的事情、幻想或梦见网络、手指自主或不自主地做打字动作，戒断症状会导致痛苦或社会、职业及其他重要领域的功能损害。②为了缓解或避免戒断症状而上网。

（3）上网较原计划更频繁或时间更长。

（4）持续渴望减少或控制网络使用，但努力不成功。

（5）在与网络使用相关的活动上花费了大量时间。

（6）由于使用网络放弃或减少重要的社会、职业或娱乐活动。

（7）持续使用网络，尽管知道使用网络可能引起或加重一种持续或反复出现的躯体、社会、职业或心理问题（如睡眠剥夺、婚姻危机、约会迟到、忽视职业责任或放弃其他重要活动），仍继续使用网络。

3. 美国心理学家提出的网络成瘾评估标准

只要符合下列 9 条中的 5 条或以上就可以评估为网络成瘾：①每月上网超过 144 小时，即每天上网 4 小时以上；②脑海中一直浮现与网络相关的事情；③无法抑制上网的冲动；④上网是为逃避现实和解除焦虑；⑤不敢向亲友说明上网的时间；⑥可能因上网造成学业及人际关系问题；⑦上网时间比自己预期的时间要久；⑧花太多的费用在更新网络设备或网络使用上；⑨要花费更多时间上网才能获得满足感。

4. 美国网络成瘾支持小组制定的标准

美国网络成瘾支持小组参照《精神障碍诊断与统计手册（第 5 版）》（PSM-5）中物质依赖的诊断标准制定了网络成瘾的 7 条标准。网络使用者在 1 年内表现出以下 3 条或更多症状即可诊断。

（1）需要明显增加上网时间才能获得满足感。

（2）停止使用网络后表现出显著的戒断综合征，或急于使用网络或相似的网上服务来减轻或避免戒断综合征。

（3）上网次数比计划多，上网时间比计划长。

（4）一直努力减少或控制网络使用，但未能成功。

（5）将大量时间花费在与网络相关的事情上。

（6）因网络使用而放弃或减少重要的社交、工作或娱乐活动。

（7）尽管知道网络使用可能已经导致持续或复发性的躯体、社交、工作或心理问题，仍不顾这些情况而继续使用网络。

（三）从网络成瘾量表测评来识别

对于网络成瘾的识别，网络使用者既可以根据上述网络成瘾的临床表现和诊断标准对照自评，也可以参照网络成瘾自评量表来评估。下面介绍网络成瘾测验量表（internet addiction test，IAT）（表 1-1），由 Young 于 1996 年编制，共由 20 道题组成，每道题有 5 个选项，属于 5 级评分，1 分＝几乎没有，2 分＝偶尔，3 分＝有时，4 分＝经常，5 分＝总是。该量表要求测试者根据自己的实际情况答题，然后根据所得总分来判断是否为网络成瘾及网络成瘾的程度。评分标准：总分 40～60 分为轻度网络成瘾，60～80 分为中度网络成瘾，80～100 分为重度网络成瘾。

表 1-1 网络成瘾测验量表

1个月内	几乎没有	偶尔	有时	经常	总是
1. 你觉得上网的时间比预期的更长吗?	1	2	3	4	5
2. 你会因为上网忽略自己要做的事情吗?	1	2	3	4	5
3. 你更愿意上网而不是和亲密的朋友相处吗?	1	2	3	4	5
4. 你经常在网上结交新朋友吗?	1	2	3	4	5
5. 生活中，朋友、家人会抱怨你上网时间太长吗?	1	2	3	4	5
6. 你因为上网影响学习了吗?	1	2	3	4	5
7. 你是否会不顾身边需要解决的一些问题而上网查 Email 或看留言?	1	2	3	4	5
8. 你因为上网影响日常生活了吗?	1	2	3	4	5
9. 你是否担心网上的隐私被别人知道?	1	2	3	4	5
10. 你会因为心情不好去上网吗?	1	2	3	4	5
11. 你在一次上网后会渴望下一次上网吗?	1	2	3	4	5
12. 如果无法上网，你会觉得生活空虚无聊吗?	1	2	3	4	5
13. 你会因为别人打搅你上网而发脾气吗?	1	2	3	4	5

(待　续)

（续　表）

1个月内	几乎没有	偶尔	有时	经常	总是
14. 你会上网到深夜不去睡觉吗？	1	2	3	4	5
15. 你在离开网络后会想着网上的事情吗？	1	2	3	4	5
16. 你在上网时会对自己说："就再玩一会儿吗？"	1	2	3	4	5
17. 你会想方法减少上网时间而最终失败吗？	1	2	3	4	5
18. 你会对别人隐瞒上网多长时间吗？	1	2	3	4	5
19. 你宁愿上网而不愿意和朋友出去玩吗？	1	2	3	4	5
20. 你会因为不能上网变得烦躁不安、喜怒无常，而一旦能上网就不会这样吗？	1	2	3	4	5

三、网络成瘾的应对

新型冠状病毒肺炎疫情作为突发应急事件，与成瘾行为交互易感，疫情期间的各种应激可能导致网络成瘾的发生。因此，相关部门及个人在疫情期间应特别关注和重视网络过度使用的问题，并积极预防和应对。

网络成瘾的成因包含诸多方面，单一的治疗方法或应对策略难以从根本上解决问题。应在网络成瘾者、医学或心理学从业人员、家庭、学校、社会等多方协作的前提下，采取综合性治疗策略，多数患者采取门诊治疗形式。

2019 年 7 月 15 日，国家卫生健康委员会疾病预防控制局发布了《关于游戏障碍防治的专家共识（2019 版）》，充分强调预防游戏障碍应建立包括普遍性预防、针对性预防、早期发现与治疗在内的三级预防体系，采用包括社会心理干预、药物治疗、处理共病等综合治疗措施，改善游戏障碍患者的预后。

（一）主动分析原因，对因处理

首先，应分析引发网络成瘾的原因，如对疫情的不科学认识、关注疫情过多、居家时间过长且空虚无聊、居家期间生活作息无规律、居家生活内容安排不合理等。找出原因后，做到对因处理会有很好的效果。例如，正确认识到疫情可防可控、疫情已得到有效控制、居家隔离限制已解除及复工已逐步按计划实施。积极的信息可以给人们传递和灌输希望，能有效缓解公众面对疫情的恐慌心理。

（二）接纳自己的心理问题并积极应对

面对新型冠状病毒肺炎疫情，人们出现莫名的担心、心情压抑、强迫性消毒、敌对情绪、失眠等是自然的心理反应。人们要正视并接纳自己的心理反应，既不责备自己不够坚强，也不掩饰心理问题或产生羞耻感，应依据心理反应的程度而积极自助或求助。

公众应积极采取措施缓解不良情绪，避免采取不良应对方式。第一，保持规律的日常作息、均衡的饮食和充足的睡眠，调理并维持良好的身体状态，这些是有效应对心理问题的基础。第二，安排合适的家务、居家学习及网上办公，如整理房间、增进厨艺、做手工、读书等，这些是缓解并保持良好心理状态的关键。第三，积极安排帮助一些放松活动及娱乐活动，如健身、做瑜伽、听音乐、看电视，也可按照网络上正规的放松训练进行练习，如腹部深呼吸放松训练、渐进性肌肉放松训练等，均可以有效缓解焦虑、紧张等负性情绪。

（三）采取积极的自助措施克服网络成瘾

克服网络成瘾不仅需要很大的决心和自制力，还需要借助科学的方法。首先，要打破上网定势，建立新的网络使用时间表，避免无节制上网。按既定时间表使用网络，增加自控感，树立正常使用网络的信心。其次，限制部分网络功能，如参加互动游戏、聊天室聊天、浏览特定网页等。再次，制作个人清单，列出因网络成瘾而忽略的活动，按重要性排序，提升重要活动的执行意识。最后，发挥家人的监督和支持作用。

现在，很多网络游戏和手机应用软件都有青少年模式，输入密码后，时间一到就会自动锁定屏幕。因此，家长可以开启计算机和手机的青少年模式，注意提醒和适时限制孩子的上网行为。作为家长，要注意培养孩子健康的兴趣爱好，支持并鼓励其业余时间多参加体育、文化娱乐或交际活动，协助孩子丰富自己的业余生活，力所能及地去做一些更有意义的事情，把时间和精力转移到其他地方，从而避免依赖虚拟的网络世界。

（四）及时寻求他人帮助

首先，网络成瘾者可以寻求亲朋好友的支持和帮助，积极交流、倾诉，及时释放压力，缓解不良情绪，相互理解和支持，彼此关心和爱护。其次，如果网络成瘾问题比较严重或出现严重的抑郁、焦虑和睡眠问题，网络成瘾者可以通过心理援助热线、心理援助网上咨询寻求帮助，必要时可以到精神卫生机构或成瘾医学机构接受专业人员的干预。专业人员将采用认知治疗（认知重建、自我辩论、自我暗示、自我激励）、行为治疗（行为契约法、强化法、厌恶疗法、放松训练）、认知行为治疗、家庭治疗、团体治疗及支持性治疗等方法积极提供心理咨询及服务，帮助求助者摆脱网络成瘾的困扰。

（五）更加重视网络成瘾的预防

网络成瘾的预防要综合防治、多部门配合；措施应从网络成瘾的影响因素出发，有的放矢；针对易感人群的个体心理特征进行预防；拓展个体爱好，丰富业余活动等；通过改变社会环境（特别是家庭环境）进行预防；基于网络本身的特点，家庭、学校、社会加强宣传教育，合力引导青少年理性上网。

小结：新型冠状病毒肺炎疫情增加了公众发生网络成瘾的风险，也可能导致网络成瘾者症状加重或复发。本部分介绍了突发应急事件对网络使用人群的可能影响，提出了网络成瘾的识别及应对。

（王　丹　张瑞岭）

第二部分

突发应急事件期间酒精滥用与成瘾的识别及应对

酒精（乙醇）作为世界上使用最广泛的成瘾性物质，在日常生活、社会经济、文化活动中起重要作用。酒文化作为一种特殊的文化形式，在中国的传统文化中有独特的地位。在中国，饮酒往往是日常生活的一部分，尤其在节日、婚丧嫁娶或生日聚会等场合，酒更是成为人际关系的“润滑油”，起到促进社交的作用。

新型冠状病毒肺炎疫情给全国人民带来了巨大的冲击，是一个重大突发应急事件。居家隔离期间，人民群众对疫情十分担心，再加上原来的娱乐活动，如聚会、旅游等社交活动中断，缺乏疏泄负性情绪的渠道，饮酒时间、次数或量大大增加，从而增加了酒精滥用与成瘾的风险。此外，酒精成瘾患者如果突然非计划停止饮酒，可能会出现震颤、谵妄或癫痫发作等严重的戒断症状，甚至危及生命。因此，疫情期间酒精滥用与成瘾的识别及应对尤为重要。

下文主要从突发应急事件对酒精滥用与成瘾人群的影

响、酒精滥用与成瘾的识别及应对逐一进行介绍，预防因疫情导致酒精滥用与成瘾的发生。

一、突发应急事件对酒精滥用与成瘾人群的影响

（一）认识酒精

1. 酒精对人体的作用

第一，酒精可以对中枢产生抑制作用，在某种程度上可以改善睡眠、缓解紧张情绪。人们发现，饮酒后最先出现的是兴奋冲动行为，因为饮酒后大脑皮质首先受到抑制，皮质下神经核团去抑制，进而表现出精神运动性兴奋症状。随着饮酒量增多和时间推移，抑制可由皮质扩展至皮质下神经核团，表现出相应的精神运动性障碍。再随着饮酒量增加，抑制作用可累及延髓，引起昏迷、呼吸衰竭，甚至死亡。

第二，酒精还有抗焦虑、致欣快的效应，即“何以解忧，唯有杜康”，饮酒可以暂时缓解焦虑、抑郁情绪。一些饮酒者最初就是由于紧张、害怕而去饮酒，从而达到改善情绪的目的。新型冠状病毒肺炎疫情期间，人们容易出现紧张、恐惧等恐慌情绪，并导致失眠，而酒精可以暂时帮助解决这些问题。

第三，酒精还具有神经毒性作用，常见的认知功能损

害包括记忆力减退、韦尼克脑病及痴呆等。此外，酒精还具有成瘾性，可以使长期饮酒者发展为酒精依赖综合征，从而导致一系列躯体损害和精神损害。

尽管有一些研究表明，适量饮用红酒对心血管疾病可能有一定的保护作用，但从整体上看，饮酒，尤其是过度饮酒对个体心身健康的害处远远超过其益处。

2. 饮酒后的表现

饮酒后，随着血液酒精浓度的增加，不同个体出现不同反应，个体差异较大。但一般来说，当血液中的酒精浓度上升后，酒醉的症状会加重，醉酒过程一般有 3 个时期，即甜言蜜语期、胡言乱语期、不言不语期。

（1）甜言蜜语期：低剂量饮酒，即摄入酒精量为 35ml 以下。饮酒者表现为轻松愉快或欣快、健谈、话多、自信、活力增加、约束力和判断力下降等。日常生活中，常可见到平时沉默寡言者饮酒后健谈、话多，平时冷淡无情者饮酒后热情，平时内向不善交际者饮酒后外向且善于交际等。

（2）胡言乱语期：中剂量饮酒，即摄入酒精量为 35～70ml。饮酒者表现为讲话随便、行为轻率、举止轻浮、说话逐渐含糊不清和无逻辑性、视物模糊、行为协调能力下降、步态不稳、共济失调等，且会有飘飘然的感觉、想睡觉。日常生活中，常可见到饮酒者将平时不敢（该）

说的话饮酒后说了，平时不敢干的事情饮酒后干了，甚至是胡言乱语。

（3）不言不语期：高剂量饮酒，即摄入酒精量达80～150ml。饮酒者中枢神经系统抑制进一步加深，表现为自我控制力与运动功能明显受损、言行紊乱、口齿不清、行走困难、行为不能自控、尚有眼球震颤、短暂性记忆力丧失等。如果继续饮酒则会发生呼吸麻痹（延髓中枢损害），处于意识障碍、嗜睡、深睡、昏迷等麻醉状态，有生命风险，可能会导致死亡。

（二）酒精与新型冠状病毒肺炎

根据新型冠状病毒肺炎的诊疗方案，75% 乙醇可以有效灭活新型冠状病毒，故有饮酒能预防新型冠状病毒肺炎的谣言。

1. 浓度不同

消毒强调的乙醇浓度是 75%，饮用的酒精饮料最多为含乙醇 53%，酒精饮料的浓度不能灭活病毒。

2. 部位不同

新型冠状病毒主要聚居呼吸系统，如鼻咽部、肺部等，但喝下的酒精饮料都进入了胃、肠等器官。

3. 方式相反

消毒要用擦拭或浸泡的方式，强调需要自然挥发后起消毒作用；饮酒一般为一饮而尽，停留在口腔几秒就进入了胃肠道。

因此，使用酒精消毒与饮酒的结局各异。正确使用75%乙醇可以灭活新型冠状病毒。大量饮酒却可导致各种酒精相关疾病，甚至可导致死亡。

（三）酒精成瘾的成因

在现实生活中，人们饮酒的目的为“助兴”或“解忧”，人们之所以爱好饮酒，是因为饮酒后能让人感觉愉快或忘掉忧愁。当人们感觉情绪紧张、低落，或生活单调无聊、孤独、与周围人缺乏沟通的时候，就容易通过饮酒来解决问题。此时，酒精可能会逐渐影响人的大脑，改变神经环路，最终让人患上酒精成瘾。因此，不良的情绪，包括焦虑、抑郁、惊恐、烦躁等，会增加酒精成瘾的发生风险。

新型冠状病毒肺炎疫情期间，人们可能产生担心、紧张、害怕等情绪，对今后的生活感到忧虑，进而可能会转化为在饮酒上的放纵，如果得知亲朋好友感染，更可能因为悲伤而酗酒。

此外，居家隔离及其衍生的无聊感、孤独感，导致一些人增加饮酒的时间、次数和量，也增加了酒精成瘾的发生风险。因此，疫情不仅会影响人们的一般心理状态，还可能增加酒精成瘾的发生及复发风险。

在疫情期间，高风险饮酒问题的发生、发展及复发与应激状态可能互相影响、互相加重，给患者和社会带来严重风险。因此，相关部门及个人需要对酒精滥用与成瘾尽早识别、关注和应对。

二、酒精滥用与成瘾的识别

饮酒者应对照自我饮酒的状况，从临床表现、诊断标准、量表测评等方面来识别酒精滥用与成瘾。必要时，饮酒者可以求助于成瘾医学的专业人员及机构来进行专业诊断。

（一）从酒精滥用与成瘾的临床表现来识别

1. 酒精滥用

酒精滥用也称酒精有害使用，是一种适应不良行为。酒精滥用者由于反复饮酒导致明显的不良后果，如不能完成重要的工作、学业，损害了躯体、心理健康，以及导致法律上的问题等。酒精滥用强调的是不良后果，酒精滥用者没有明显的耐受性增加或戒断综合征时则表现为依赖综合征。

酒精滥用是指使用酒精对健康造成损害的一种使用

类型，这种损害可以是躯体性的或精神性的。有害使用的方式经常受到他人的批评，并可引起各种不良社会后果，如犯罪、婚姻危机等。大量研究证明，饮酒量每日超过 4 个标准杯（一般来说，1 个标准杯相当于一罐啤酒、一杯葡萄酒和一小盅烈性酒的酒精含量，大约为 10ml 纯酒精）且每周饮酒超过 5 次，酒精有害使用的风险明显增高。

2. 酒精成瘾

酒精成瘾也称酒精依赖，指长期反复饮酒所致对酒精渴求的特殊心理状态和停饮后出现的心理、躯体特殊反应，可连续或周期性出现，包括精神依赖和躯体依赖。

精神依赖是酒精成瘾的基础，俗称“心瘾”，指个体对酒精存在强烈的渴求心理。需要注意的是，精神依赖有程度的不同，只有当精神依赖较为强烈，饮酒者难以自制地渴求饮酒时，才具有诊断价值。也就是说，酒精成瘾者与重度社交性饮酒者仍有区别：酒精成瘾者往往不顾后果，如不顾别人的警告、不怕失业、不怕离婚，甚至当医生告诉其已患有酒精相关性肝病应立即戒酒时，仍置若罔闻。一旦形成精神依赖，饮酒者就会把饮酒视为生活中最重要的事情。

躯体依赖是指反复饮酒导致中枢神经系统发生某些生物学改变，以致需要酒精持续存在于人体内，以避免戒断综合征的发生。当停止饮酒或骤减饮酒量时，躯体依赖者会出现一系列特征性的戒断症状。躯体依赖与精神依赖一样，也是逐渐形成的，且有程度上的区别。

酒精成瘾者多数在体验饮酒初期心情愉快，能够缓解紧张状态，之后逐渐形成饮酒习惯，当饮酒的时间和量达到一定程度时，饮酒者无法控制自己的饮酒行为，并出现一系列特征性症状，就形成了酒精成瘾。

酒精成瘾的临床特征：①渴求饮酒、强迫饮酒，无法控制。②固定的饮酒模式，定时饮酒。③饮酒高于一切活动，不顾工作、家庭和社交活动。④耐受性逐渐增加，饮酒量增多，但酒精依赖后期可能耐受性会下降，每次饮酒量减少，但饮酒频率可能会增多。⑤反复出现戒断症状，当减少饮酒量或延长饮酒间隔期、血浆酒精浓度明显下降时，就会出现手、足和四肢震颤及出汗、恶心、呕吐等戒断症状。若及时饮酒，上述戒断症状则可迅速消失。此现象常发生在早晨，称为“晨饮”。⑥戒断后重饮，如戒酒后重新饮酒，就会在较短的时间内再现原来的依赖状态。

（二）从酒精滥用与成瘾的诊断标准来评估

1. 酒精滥用的诊断标准

ICD-11 关于酒精滥用的诊断标准：①有明显的证据证

明饮酒已经造成躯体损害或精神损害；②实质的损害是可以辨认的；③持续性饮酒至少已达 1 个月或在过去 12 个月内反复发生；④不符合酒精成瘾的诊断标准。

2. 酒精成瘾的诊断标准

ICD-11 关于酒精成瘾的诊断标准，通常需要在过去 1 年的某些时间内体验过或表现出下列至少 3 条：①有饮酒的强烈渴望或冲动感；②对饮酒行为的开始、结束及量难以控制；③当饮酒被终止或减少时出现生理戒断状态；④因饮酒而逐渐忽略其他的快乐或兴趣，在获取酒、饮酒或从其作用中恢复过来所花费的时间逐渐增加；⑤耐受的依据，必须使用大量的酒才能获得过去较低量的效应；⑥固执地饮酒，而不顾其明显的危害性后果，如过度饮酒对肝的损害、周期性大量饮酒导致的抑郁心境或与酒有关的认知功能损害。

（三）从酒精滥用与成瘾量表测评来识别

1. 单一问题评估

单一问题评估是指使用一个问题来对饮酒情况进行评估，这一问题针对男性或女性而略有差异。对男性的问题是：在过去 1 年内，你有多少次在 1 日内饮酒超过 4 个标准杯？对女性的问题则为：在过去 1 年内，你有多少次在

1 日内饮酒超过 3 个标准杯?

如果男性在 1 日内的饮酒量超过 4 个标准杯或 1 周内的饮酒量超过 14 个标准杯，女性在 1 日内的饮酒量超过 3 个标准杯或 1 周内的饮酒量超过 7 个标准杯，则为饮酒过量，需要给予注意。

2. CAGE 量表

如果通过单一问题评估发现患者为阳性，可以进一步使用 CAGE（cut down，annoyed，guilty，eye opener）量表（表 2-1）进行筛查。

表 2-1　CAGE 量表

序号	条目内容	是	否
1	你有没有觉得需要戒酒（cut down）?	1	0
2	当别人问到你的饮酒情况时，你是否感到不高兴（annoyed）?	1	0
3	你对自己的饮酒问题是不是感到内疚、自责（guilty）?	1	0
4	你是不是一睁开眼就需要饮酒（eye opener）?	1	0
总计			

注：“是”计 1 分，“否”计 0 分，上述 4 项分值汇总为总分；总分≥2 分，则酒精成瘾为阳性

3. TWEAK 量表

除了 CAGE 量表以外，还可以使用 TWEAK（tolerance，worry，eye opener，amnesia，kut/cut down）量表（表 2-2）

筛查酒精成瘾。

表 2-2　TWEAK 量表

序号	条目内容	是否有确定答案	
1	耐受性（tolerance）：你现在喝多少才会觉得喝多了？	有	无
2	他人的担心（worry）：过去 1 年里，你的好友或家人有没有为你饮酒的问题而担心？	有	无
3	喝睁眼酒（eye opener）：你是不是有时候早晨一起来就饮酒？	有	无
4	遗忘（amnesia）：你的朋友或家人是否告诉过你在酒后说的话或做的事，但你却不记得？	有	无
5	减少饮酒量（kut/cut down）：你是否有时候觉得自己喝太多了，需要减少饮酒量？	有	无

注：上述问题中有 2 个回答确定，即怀疑酒精成瘾

4. 酒精使用障碍筛查量表

酒精使用障碍筛查量表（alcohol use disorder identification test，AUDIT）（表 2-3）是筛查风险饮酒和酒精成瘾的“金标准”，共有 10 个问题，涉及酒精消费、酒精依赖及酒精相关性疾病。

表 2-3　酒精使用障碍筛查量表

序号	条目内容		评分
1	近 1 年来，你多长时间饮 1 次酒？	0 分＝从未饮过 1 分＝每月 1 次或偶尔 2 分＝每月 2～4 次 3 分＝每周 2～3 次 4 分＝每周 4 次或更多	□

（待　续）

（续　表）

序号	条目内容		评分
2	近1年来，一般情况下你1日喝多少酒？	0分＝250～500ml啤酒，或38度白酒50～75ml，或52度白酒25～50ml 1分＝750～1000ml啤酒，或38度白酒100～125ml，或52度白酒75～100ml 2分＝1250～1500ml啤酒，或38度白酒175～200ml，或52度白酒125～150ml 3分＝1750～2250ml啤酒，或38度白酒225～300ml，或52度白酒175～225ml 4分＝2500ml啤酒/更多，或38度白酒350ml/更多，或52度白酒250ml/更多	□
3	近1年来，你一次饮酒量达到或超过3瓶啤酒（1500ml）或52度白酒150ml的情况多长时间出现一次？	0分＝从未有过 1分＝每月不到1次 2分＝每月1次 3分＝每周1次 4分＝每天1次或几乎每天1次	□
4	近1年来，你发现自己一饮酒就停不下来的情况多长时间出现一次？	0分＝从未有过 1分＝每月不到1次 2分＝每月1次 3分＝每周1次 4分＝每天1次或几乎每天1次	□

（待　续）

（续　表）

序号	条目内容		评分
5	近1年来，你发觉因为饮酒而耽误其他事情的情况多长时间出现一次？	0分=从未有过 1分=每月不到1次 2分=每月1次 3分=每周1次 4分=每天1次或几乎每天1次	□
6	近1年内，你在大量饮酒后的第2天早晨需要再饮酒才能提起精神的情况多长时间出现一次？	0分=从未有过 1分=每月不到1次 2分=每月1次 3分=每周1次 4分=每天1次或几乎每天1次	□
7	近1年来，你酒后感到自责或后悔的情况多长时间出现一次？	0分=从未有过 1分=每月不到1次 2分=每月1次 3分=每周1次 4分=每天1次或几乎每天1次	□
8	近1年来，你由于饮酒以致想不起前一日所经历的事情的情况多长时间出现一次？	0分=从未有过 1分=每月不到1次 2分=每月1次 3分=每周1次 4分=每天1次或几乎每天1次	□
9	你曾因为饮酒弄伤过自己或别人吗？	0分=没有过 2分=是的，但近1年没有 4分=是的，近1年有过	□

（待　续）

（续　表）

序号	条目内容		评分
10	你的亲朋好友、医生或别的保健人员曾经担心你的饮酒情况或劝你要少喝一些吗？	0 分=没有过 2 分=是的，但近 1 年没有 4 分=是的，近 1 年有过	□
总分			□□

注：1 瓶啤酒为 500ml。第 1～8 题的计分为 0～4 分；第 9 题和第 10 题只有 3 个选项，分别计为 0 分、2 分和 4 分；总分在 0～40 分。根据总分将饮酒者分为 4 个饮酒风险水平，即Ⅰ、Ⅱ、Ⅲ、Ⅳ级。总分＜8 分为Ⅰ级（世界卫生组织建议将 65 岁以上的饮酒者的 AUDIT 分界值定为 7 分），8～15 分为Ⅱ级，16～19 分Ⅲ级，20～40 分为Ⅳ级

三、酒精滥用与成瘾的应对

疫情期间如何应对酒精滥用与成瘾？首先，应该避免高风险饮酒。各个国家高风险饮酒的标准不尽相同，国家政策和文化、当地饮酒风俗习惯、性别、体重、是否餐时饮酒等因素都可以影响酒精的代谢及饮酒的其他不良后果。尽管低风险饮酒的标准各国也不尽相同，但流行病学数据显示，当每日饮酒超过 20ml 纯酒精时，出现酒精相关障碍的风险就会显著增加。美国将高风险饮酒定义为：男性每日饮酒超过 4 个标准杯，女性每日饮酒超过 3 个标准杯。

（一）酒精滥用的应对策略

1. 科学饮酒，减少危害

酒精滥用者饮酒时怎样做才能远离风险？应是“重色轻友”，采取正确方式饮酒！

（1）饮酒应“重色”：“重色”是指选择酒精含量低的酒，如红酒、啤酒和黄酒等。酒的种类有很多，颜色也各异。一般而言，红酒、啤酒和黄酒因酿造工艺而自带颜色，同体积的酒类，酒精含量低，对人体的危害就会减少。因此，世界卫生组织推荐公众尽量饮用低酒精含量的酒，而少饮酒精含量高、无色的酒。此外，也有一些酒如白葡萄酒，即使没有颜色，酒精含量也不高，推荐饮用。

（2）饮酒应“轻友”：“轻友”是指远离酒文化中的陋习和糟粕，提倡“只要感情有，喝啥都是酒”的新酒桌文化。由于中国酒文化源远流长，酒桌上也有许多规矩或讲究。例如，“感情浅，舔一舔；感情深，一口闷”“兄弟情都在酒里面”。在深厚的酒文化影响下，坐在酒桌旁如果不饮酒，好似很失礼。在朋友聚会时，饮酒的多少似乎成了衡量情谊的砝码，于是“一口闷”“干杯”等恶性饮酒模式就频繁出现在酒桌上。殊不知，这样的“聚会”很容易导致急性酒精中毒。

（3）采取正确方式饮酒

1）少喝为佳：如果酒精滥用者真想饮酒，请每日不要超过 2 个标准杯；同时，即使是少量饮酒，也要确保 1 周内至少有 2 日不饮酒。饮酒一旦超过上述水平，因饮酒出现问题的可能性就会增大。

2）推荐饮用酒精含量低的酒：世界卫生组织推荐公众尽量饮用如红酒、黄酒等酒精含量低的酒，而少饮酒精含量高、无色的酒（如白酒）。

3）切忌干杯：饮酒后 5 分钟酒精就可以进入血液，30～120 分钟时血液中的酒精浓度可达到顶峰。饮酒快则血液中的酒精浓度升高得也快，很快就会进入醉酒状态。若慢慢饮入，身体可有充分的时间把酒精分解掉，就不易喝醉。

4）酒前饱腹：空腹时饮酒，酒精会很快吸收，推荐在饮酒前多吃点主食或一边吃东西一边饮酒，应搭配营养价值高的食物，如奶酪、豆腐、鱼类等优质蛋白质食物，也很推荐蔬菜和海藻类食物。

2. 管理情绪，心态平和

由于新型冠状病毒是全新的病毒，存在很大的不确定性，故普通人自然会出现一些情绪反应。疫情期间，酒精滥用者不要觉得自己太脆弱或意志力不够坚定，允许自己有悲伤情绪，不严苛要求自己。同时，酒精滥用者要正视自己的焦虑和恐惧情绪，可以通过合适的情绪评估工具来了解自己的情绪状态，并通过正念训练、冥想训练、放松训练等方式来调节和缓解负性情绪。例如，酒精滥用者可以通过大声地或无声地自言自语训练自己克服艰难的挑战，可以告诉自己“新型冠状病毒肺炎虽然可怕，但相信政府可以战胜它”“我不能让焦虑和生气占上风”。一旦负性情绪对日常生活和工作造成明显影响，求助者可以进行网络心理咨询或到相关专业机构就诊。

3. 加强支持，兴趣广泛

在减少外出的情况下，酒精滥用者可以适度选择家中的娱乐活动；平日因为工作繁忙无法完成的事情，可以利用这一段时间来完成，如玩一些小游戏、泡热水澡、做家务、陪伴家人、读一本好书、听音乐等，找出可以转移注意力或让自己愉悦的事情来做。

（二）酒精成瘾的应对策略

1. 列出兴趣活动清单

如果酒精成瘾者是因为孤独或无聊导致复饮，则应尽可能想出更多让自己感兴趣的活动并制定个体化的兴趣活动清单，然后选择其中 2 种去尝试，同时将其记录在“打破饮酒习惯计划记录表”的空格处。例如，加入社区团体（图书馆、妇女组织等）、参加成年人教育课程（手工艺、绘画等）、定期运动（游泳、慢跑等）或加入运动俱乐部。

2. 列举并选择戒酒的益处

酒精成瘾者在特别想饮酒时，首先可以列举一些戒酒的益处，以增强戒酒的意志。如果酒精成瘾者想饮酒，请仔细阅读自己罗列的戒酒的益处，并从中选择 3 个最适合自己的条目，将其记录在“打破饮酒习惯计划记录表”的空格处。

3. 良好的社会支持系统

良好的社会支持系统，如和睦的家庭关系、友善的朋友支持等，是防止酒精成瘾者复饮的有效手段。倾诉可以有效地帮助个体缓解紧张、焦虑。因此，酒精成瘾者可以建立自己的社会支持系统，与家人及好友加强沟通，帮助自己解决疫情期间遇到的问题。

酒精成瘾者的家人需要知道成瘾是一种慢性复发性脑病，不是一种恶习，更不是道德败坏、缺乏责任心等，家人需要学会通过倾听、讨论、鼓励等方式化解患者的不良情绪，当患者的情绪难以调整时，应建议或陪同患者咨询专业医生。当家人得知或感到患者有强烈的饮酒渴求时，可以通过主张进行其他活动等方式帮助患者转移注意力，渡过难关，若患者的饮酒渴求仍难以遏制，可想办法帮助患者及时就医。此外，可以与患者一起制订生活计划，丰富日常活动，预防复饮。

此外，酒精成瘾者行戒酒治疗要保持长期戒断状态，在回归社会后需要家人、朋友及社会的支持，帮助自己走向康复。社区自助与互助康复组织是目前国际上为酒精成瘾者提供社会支持的主要形式，包括戒酒者匿名协会、戒酒者家庭互助会、戒酒者青少年互助会及嗜酒者成年儿女互助会等。酒精成瘾者也可以通过自助和互助康复组织获得社会支持，从而减少复饮的可能。如果这种方式不能有效解决问题，且患者出现严重的睡眠障碍及抑郁、焦虑情绪，可以致电精神卫生机构进行咨询，必要时可到精神科急诊进行相关干预。

4. 处于无酒的生活环境

疫情期间，家人应注意妥善保管家中的酒，让酒精成瘾者处于无酒的生活环境。同时，也要让患者不与以前的酒友联系，避免其观看饮酒的视频，以减少饮酒相关线索诱发其发生复饮行为。家人也应该加强观察，因为酒精成瘾者在饮酒后，其精神状态、饮食睡眠及言语情绪等方面都会发生变化，故家人可以通过观察患者的日常生活节律来间接了解患者是否有饮酒行为，及时查漏补缺，防止偶饮发展成为复饮。

5. 正确应对戒断症状和复发

酒精成瘾者因疫情影响，加上家人的严密看管，可能因难以及时饮酒而出现戒断症状。对于长期酗酒者，切忌突然一次性断酒，这样容易导致严重的戒断症状，如冷汗、心慌、手抖、焦虑不安、失眠等。正确的做法是缓慢地降低饮酒量或减少饮酒次数，如将每日饮酒3～4次减少到1～2次，将高度白酒改为低度白酒或葡萄酒等。如果患者出现明显的躯体不适，需要及时到专科医院就诊；对于合并内科疾病的中老年酗酒者，尤其是有症状性心脏病、肺病及过去有严重戒断病史的患者，最好住院治疗。

酒精成瘾者经常会出现对酒精的渴求，时轻时重，切记不能喝第一口酒。因为一旦喝了第一口酒，大脑对酒精的反应会异常强烈，促发对酒的极度渴求，导致失控，造成酒精成瘾复发。

此外，建议戒断后的康复者建立无酒朋友圈，这有助于保持戒断和恢复社会功能。当发现患者出现偶饮行为，家人首先应保持自身情绪稳定，不要过度指责，应与患者一起分析原因，共商对策，以避免复饮的再次发生。如果患者出现连续多次复饮行为，应密切观察、耐心规劝，待疫情得到控制后或在确保安全的情况下，尽快到医疗机构进行相关治疗。如果患者因复饮导致躯体或精神急症，应及时到专业的医疗机构进行急诊干预。

6. 主动了解新型冠状病毒肺炎的防护知识并加强自我防护

酒精成瘾者和家人可以借助官方途径了解新型冠状病

毒肺炎的科学防护知识和措施，尽量控制信息来源，确保信息质量，避免信息过载或虚假信息造成消极影响；同时，可以利用社区资源、新闻媒体、热线电话等社会资源来缓解负性情绪。

小结： 新型冠状病毒肺炎疫情增加了公众发生酒精滥用与成瘾的风险，也可能导致酒精成瘾者症状加重或复发。本部分介绍了突发应急事件对酒精滥用与成瘾人群的可能影响，提出了酒精滥用与成瘾的识别及应对。

（周旭辉　王传升）

第三部分

突发应急事件期间烟草成瘾的识别及应对

烟草是一种常见的成瘾性物质。中国是世界上最大的烟草消费和受害国家。2019年，《全球烟草流行报告》显示，2007—2017年，全球吸烟率从22.5%下降至19.2%，10年间相对下降了15.0%。尽管近年来很多国家对传统烟草制品采取了严格的监管措施，从包装图形警告和广告禁令到禁烟区，全球约有50亿人生活在至少有一项控烟措施的环境下，较有力地扭转了烟草蔓延的趋势。目前，中国的吸烟率也在下降。中国疾病预防控制中心发布的《2018年中国成人烟草调查结果》显示，我国15岁及以上人群的吸烟率与既往调查结果相比呈下降趋势，二手烟暴露情况有所改善，公众支持无烟环境政策的比例进一步上升，但我国的“控烟”之路仍很漫长。目前，中国仍是全球烟民数量最多的国家。2015年，吸烟促成11%的全球人口死亡（640万），而中国约占全球吸烟相关死亡人数的28%；2018年，中国15岁及以上人群的吸烟率为

26.6%，与实现《"健康中国2030"规划纲要》的控烟目标（2030年15岁及以上人群的吸烟率下降至20%）仍有较大差距。

导致烟草成瘾（即"吸烟上瘾"）的主要成分是尼古丁。但除尼古丁外，烟草的燃烟中还含有4000多种化学成分，已知其中至少有250种有害物质、50多种致癌物质等。吸烟会增加患癌症、心脑血管疾病、精神障碍等疾病的风险。吸烟除了会引起慢性阻塞性肺疾病外，还会增加吸烟人群患下呼吸道感染、哮喘、肺炎、肺气肿及其他慢性呼吸道疾病等的风险。新型冠状病毒肺炎疫情暴发后，面对"抗疫"和"居家隔离"的双重压力，人们可能出现恐惧、紧张、焦虑、失眠、空虚无聊、躯体不适等问题，有的人可能采取积极、健康的方式应对，也很有可能采取过度吸烟等不良方式应对，由此增加了烟草成瘾的发生风险。下文将阐述像新型冠状病毒肺炎这样的突发应急事件对吸烟人群的影响，以及疫情期间烟草成瘾的识别及应对。

一、突发应急事件对吸烟人群的影响

最近，公众有一些关于吸烟与新型冠状病毒肺炎的疑问，包括：男性感染的比例高于女性，是否与男性吸烟者多有关？吸烟是否会加重病情？吸烟是否会增加死亡风险？对于第 1 个问题，目前还没有明确答案，但是吸烟者一旦感染新型冠状病毒，患肺炎的风险更大。对于第 2 个和第 3 个问题，答案是肯定的。

越来越多的研究显示，吸烟与新型冠状病毒引起的并发症之间可能存在联系。虽然男性更容易感染新型冠状病毒的原因尚不完全清楚，但是 2003 年出现的严重急性呼吸综合征（severe acute respiratory syndrome，SARS）和 2012 年出现的中东呼吸综合征（Middle-East respiratory syndrome，MERS）都发现吸烟与感染冠状病毒之间的关系，吸烟者的总体预后比不吸烟者更差。同时，临床观察和研究发现，在被诊断为新型冠状病毒肺炎的患者中，有吸烟史者发生疾病进展（即病情加重，甚至死亡）的可能性远远高于不吸烟者。吸烟是感染者出现疾病进展的最强风险因素之一，其他风险因素包括年龄大及患糖尿病、高血压、冠心病等基础疾病。最近发表在国际医学期刊 *Lancet* 的一项研究分析了新型冠状病毒肺炎患者住院期间死亡风险的相关因素，发现吸烟者比不吸烟者住院期间的死亡风险高出 1 倍。另一项研究进一步发现了吸烟的影响，提示病情加重组有吸烟史者的比例明显高于病情改善或稳定组。根据上述研究发现，吸烟史在新型冠状病毒肺炎患者住院期间死亡风险的所有相关因素中影响最大，有吸烟史者疾病恶化的可能性比无吸烟史者高 14 倍。其中，一个重要原因是吸烟损害了患者的心肺功能及免疫系统等，且戒烟后很多健康损害可以立即改善。

疫情期间，烟草成瘾的发生、发展及复发与应激状态可能互相影响、互相加重，给患者和社会带来严重风险。因此，相关机构及个人需要对烟草成瘾尽早识别及应对。

二、烟草成瘾的识别

烟草成瘾也称烟草依赖，是由反复或持续性使用尼古丁所致的难以控制的吸烟行为，常伴随主观上对吸烟的强烈渴望或渴求（心理依赖），也可出现躯体依赖，包括对尼古丁耐受性增强、因减少或停止使用尼古丁出现戒断症状或需反复使用尼古丁以减轻戒断症状。症状持续至少 12 个月，如果每日或几乎每日吸烟，满 1 个月即可诊断为烟草成瘾。

吸烟者应对照自我吸烟状况，从烟草成瘾的临床表现、诊断标准、量表测评等方面来识别烟草成瘾。必要时，吸烟者可以求助于成瘾医学的专业人员及机构来进行专业诊断。

（一）从烟草成瘾的临床表现来识别

1. 吸烟量越来越大

即耐受性增加。多数吸烟者在首次吸烟时不能适应烟草的味道，故在开始吸烟的一段时间内吸烟量并不大，但随着吸烟时间的增加，吸烟量也会逐渐增多，重度吸烟者甚至每日吸烟超过 60 支，这对于一个非吸烟者来说是完全不能耐受的。

2. 戒烟症状

吸烟者减少或停止吸烟后，体内的尼古丁水平会迅速下降，通常在戒烟 2 小时内开始出现戒断症状，包括吸烟渴求、焦虑不安、注意力不集中等，24～48 小时达到顶峰，并在数日至数周内消退。戒烟者对烟草的渴求会持续更长时间，有些甚至超过 1 年。由于尼古丁有抑制食欲的作用，部分戒烟者还会出现食欲增加、体重增加。

3. 对吸烟行为失去控制

多数烟草成瘾者知道或部分知道吸烟的危害，并有意愿戒烟或控制吸烟量，但多次尝试后却以失败告终，部分吸烟者甚至在罹患吸烟相关疾病后仍不能控制吸烟行为，无法彻底戒烟。烟草成瘾是一种慢性高复发性脑病，大多数吸烟者在戒烟后会有复吸的经历。

（二）从烟草成瘾及戒断的诊断标准来评估

1. 烟草成瘾的诊断标准

根据 ICD-11 的诊断标准，确诊烟草成瘾通常需要在过去1年内体验过或表现出下列6条中的至少3条：①对使用烟草有强烈的渴望或冲动感。②对烟草使用行为的开始、结束及剂量难以控制。③当烟草的使用被终止或减少时，出现生理戒断状态，其依据为该物质的特征性戒断综合征、有为了减轻或避免戒断症状而使用同一种物质（或某种有密切关系的物质）的意向。④耐受的依据，如必须使用较高剂量的烟草才能获得过去较低剂量的效应。⑤因使用烟草逐渐忽视其他的快乐或兴趣，在获取、使用烟草或从其作用中恢复所花费的时间逐渐增加。⑥固执地使用烟草而不顾其明显的危害，如过度吸烟引起呼吸系统疾病后仍然继续吸烟。

2. 烟草戒断的诊断标准

DSM-5中关于烟草戒断的诊断标准：①每日使用烟草，持续至少几周。②突然停止使用烟草或减少使用烟草的剂量，在随后24小时内出现下列体征或症状中的4项或更多，分别为易激惹、挫折感、愤怒、焦虑、注意力难以集中、食欲增加、坐立不安、心境抑郁及失眠。③由上述体征或症状引起具有临床意义的痛苦，或导致社交、职业或其他重要功能的损害。④上述体征或症状不能归因于其他躯体疾病，也不能用其他精神障碍来更好地解释，包括其他物质中毒或戒断。

（三）从烟草成瘾及戒断量表测评来识别

1. 尼古丁依赖评估量表

测评者可以根据尼古丁依赖评估量表（Fagerström test for dependence，FTND）（表 3-1）来判断自己的尼古丁依赖程度。

表 3-1　尼古丁依赖评估量表

评估内容	0 分	1 分	2 分	3 分
1. 你早晨醒来后多长时间吸第 1 支烟?	＞60 分钟	31～60 分钟	6～30 分钟	≤5 分钟
2. 你是否在许多禁烟场所很难控制吸烟？	否	是		
3. 你最不愿意放弃哪一支烟?	其他时间	晨起第 1 支		
4. 你每天吸多少支烟?	≤10 支	11～20 支	21～30 支	＞30 支
5. 你早晨醒来后第 1 个小时是否比其他时间吸烟多?	否	是		
6. 你患病在床时仍旧吸烟吗?	否	是		

注：总分 0～3 分为轻度烟草成瘾，4～6 分为中度烟草成瘾，≥7 分为重度烟草成瘾

2. 吸烟严重程度指数量表

测评者可以根据吸烟严重程度指数量表（heaviness of smoking index，HSI）（表 3-2）来判断自己的尼古丁

依赖程度。

表 3-2　吸烟严重程度指数量表

评估内容	0 分	1 分	2 分	3 分
1. 你早晨醒来后多长时间吸第 1 支烟?	>60 分钟	31～60 分钟	6～30 分钟	≤5 分钟
2. 你每天吸多少支烟?	≤10 支	11～20 支	21～30 支	>30 支

注：总分≥4 分为重度烟草依赖

3. 明尼苏达烟草戒断症状量表

患者可以根据明尼苏达烟草戒断症状量表（Minnesota nicotine withdrawal scale，MNWS）（表 3-3）来判断自己的戒断症状。

表 3-3　明尼苏达烟草戒断症状量表

项目	评分（以 0～4 分计分）
吸烟的冲动	
易激惹、受挫感或生气	
难以集中注意力	
食欲增加	
情绪低落	
焦虑	
坐立不安	
入睡困难	
睡眠易醒	
总分	

注：以上各项为戒烟者在过去 1 日中的感受，完全没有计 0 分，轻微计 1 分，中度计 2 分，严重计 3 分，非常严重计 4 分。得分越高，表示症状越严重

三、烟草成瘾的应对

（一）自我评估戒烟意愿，提升戒烟动机

1. 参照“5R”法增强戒烟动机

个体应充分重视吸烟问题，参照上述方法评估自己的吸烟状况，确诊是否为烟草成瘾。若为烟草成瘾，目前又没有意愿戒烟者，应参照常用的“5R”法，审视吸烟的严重危害、戒烟的益处等，解除犹豫心理，增强自我戒烟动机。

“5R”法包括：①相关（relevance），使吸烟者认识到戒烟与其自身和家人的健康密切相关。②危害（risk），使吸烟者认识到吸烟对健康的危害。③益处（rewards），使吸烟者充分认识到戒烟对健康的益处。④障碍（roadblocks），使吸烟者知晓和预估戒烟过程中可能会遇到的问题和障碍，同时了解现有的戒烟干预方法（如咨询和药物）可以帮助其克服这些障碍。⑤反复（repetition），反复给予吸烟者上述戒烟动机干预。

2. 充分认识吸烟给健康带来的危害

（1）致癌作用：吸烟致癌在全球已得到公认，但部分吸烟者不接受该认识。流行病学调查表明，吸烟是肺癌的重要致病因素之一，特别是鳞状细胞癌和小细胞未分化癌。

吸烟者患肺癌的风险是不吸烟者的 13 倍多。

（2）对心脑血管的影响：许多研究发现，吸烟是多种心脑血管疾病的主要风险因素，吸烟者患冠心病、高血压、脑血管病及周围血管病的概率均明显升高。统计资料表明，在冠心病和高血压患者中，75% 有吸烟史。

（3）对呼吸道的影响：吸烟是慢性支气管炎、肺气肿和慢性气道阻塞的主要诱因之一。有研究发现，长期吸烟可使支气管黏膜的纤毛受损、变短，影响纤毛的清除功能。

（4）对消化道的影响：吸烟可引起胃酸分泌增加，一般比不吸烟者增加 91.5%，并能抑制胰腺分泌碳酸氢钠，致使十二指肠的酸负荷增加，诱发溃疡。烟草中的烟碱可使幽门括约肌张力降低，使胆汁易发生反流等。

（5）其他危害：吸烟对女性的危害更甚于男性，吸烟可导致女性出现月经失调、受孕困难、异位妊娠、雌激素水平低下、骨质疏松及更年期提前。孕妇吸烟易引起自发性流产、胎儿发育迟缓和新生儿低体重等。

3. 充分认识戒烟的健康益处

对于吸烟者，戒烟具有近期和远期的健康益处。已出现吸烟相关健康问题者仍可从戒烟中获益。

（1）充分认识已戒烟时间给健康带来的有益变化：①戒烟在 20 分钟内，心率和血压下降。②戒烟 12 小时，血液中的一氧化碳浓度降至正常值。③戒烟 2～12 周，循环系统功能得到改善，肺功能得以提高，这是疫情下很多国家大力宣传吸烟者戒烟的主要原因。④戒烟 1～9 个月，咳嗽和气短情况减少。⑤戒烟 1 年，患冠心病的风险约为吸烟者的 50%。⑥戒烟 5～15 年，发生脑卒中的风险会降至不吸烟者的程度。⑦戒烟 10 年，患肺癌的风险约为吸烟者的 50%，发生口腔癌、喉癌、食管癌、膀胱癌、宫颈癌和胰腺癌的风险会降低。⑧戒烟 15 年，发生冠心病的风险等同于非吸烟者。

（2）充分认识开始戒烟的时间与继续吸烟者相比具有的益处：①约 30 岁时开始戒烟，可使预期寿命增加约 10 年。②约 40 岁时开始戒烟，可使预期寿命增加约 9 年。③约 50 岁时开始戒烟，可使预期寿命增加约 6 年。④约 60 岁时开始戒烟，可使预期寿命增加约 3 年。⑤出现威胁生命的疾病后开始戒烟，可快速获益。⑥有心脏病发作史者，戒烟可使心脏病再次发作的概率降低 50%。

（3）给儿童带来的健康益处：戒烟可减少与二手烟相关的许多儿童疾病的额外发生风险，如呼吸系统疾病（哮喘）和耳部感染。

（4）戒烟的其他健康益处：戒烟可以减少发生阳痿、不孕不育、早产、低出生体重儿及流产的概率。

（二）自觉采用心理行为干预措施自助戒烟

戒烟是一个过程，了解了自己的吸烟特点，做好充分的准备，可以在很大程度上提高成功戒烟的可能。烟草成瘾者可以借鉴一些常用的心理行为干预措施自助戒烟，包括做好戒烟准备和确定戒烟方式、设置戒烟日、应对烟草戒断症状、应对烟草渴求和预防复吸等。

1. 做好戒烟准备和确定戒烟方式

首先，烟草成瘾者可以根据自身情况做好相应的戒烟准备，包括自我监测吸烟情况、列出戒烟理由、列出继续吸烟的理由并反驳它、最大限度获得社会支持、增加对戒烟能力的自信心、提高对吸烟行为的认识。然后，采用“逐渐减量戒烟”或“立即完全戒烟”等方法，决定是否使用戒烟药物，改变对吸烟的思维方式，写下戒烟誓言或戒烟协议书，列出对戒烟的担忧，定期奖励自己，提前了解诱发自己吸烟的因素并远离，最大限度地避开吸烟者，毁弃吸烟相关的工具，处理吸烟相关的环境和情境，学习放松方法。

一些戒烟者发现，在一段时间内减少吸烟更容易，而另一些戒烟者则更喜欢立即完全戒烟。这 2 种方法各有利弊，戒烟者适合哪种方法一方面取决于个体的习惯、吸烟的数量及吸烟的原因，另一方面取决于个体的身体状况（是身体成瘾，还是心理 / 行为成瘾更严重）。逐渐减量戒烟的优缺点：①逐渐减少吸烟量直到戒烟日当天完全停止吸烟，戒烟过程更舒适。②戒断症状可能较轻。③减少吸烟的过程可以让戒烟者在学会面对躯体戒断症状的同时学习新的应对技能。立即完全戒烟的优缺点：①该方法相对干脆，一次戒烟可以让戒烟者有一个“标志性的改变”，迫使戒烟者立即改变生活方式。②缩短了戒烟准备时间，让戒烟者更早成为一个不吸烟者。③除非使用戒烟药物，突然戒烟可能会导致戒断症状加重，对于心脑血管疾病患者，该方法有增加发病风险的可能。

2. 设置戒烟日

设定明确的戒烟日是促进成功戒烟最可靠且最重要的一步。戒烟者可确定一个具体的戒烟日期，允许自己有时间为即将到来的戒烟行为做准备，并促进自己采取行动，而不只是思想上考虑戒烟。从开始准备戒烟到设定的戒烟日建议设为 4 周，最好为 2 周。多项临床研究和实践都推荐这个时间，因为 2 周既可以给戒烟者足够的准备时间，又不会因时间太长而使戒烟者的戒烟动机减退。

准确的戒烟日由戒烟者自己选择。需要注意的是，戒烟日最好是不会严重破坏日常工作和生活的日期，如不建议选择正好要考试或有重要会议的日期。选择戒烟日时，也可以参考以下选项：①节日和周末。许多戒烟者喜欢选择一个特别的日期戒烟，包括生日、新年或周年纪念日等。节日和周末是个不错的选择，因为这样戒烟者会有足够的个人时间来应对戒烟带来的心理、生理和行为改变。此外，节日和周末也可以使戒烟者更好地得到亲朋好友的支持和鼓励。②度假期间。有些戒烟者认为，当他们离家外出度假时更容易戒烟。从理论上看，这种想法是有道理的。如前所述，吸烟与特定的地点、时间、人物等条件或线索刺激密切相关。随着时间的推移，这些条件或线索可以作为吸烟的触发器，能引起戒烟者强烈的吸烟渴求，甚至导致吸烟行为。外出度假期间，戒烟者可以最大限度地避免这些条件或线索的刺激，从而更容易戒烟。但戒烟者需注意，他们还是会回家且可能遇到引起吸烟渴求的条件或线索。因此，他们只能推迟（而不是完全避免）回到常规的与吸烟相关环境中的时间，且需要采取积极有效的策略来应对与吸烟密切相关的触发因素。③月经周期阶段。对于绝经前的女性吸烟者，戒烟日还需要考虑月经周期阶段（建议选择卵泡期，即从月经开始的第 1～14 日）。有研究表明，女性在黄体期（28 日周期中的第 15～28 日）戒烟会使她们经历更严重的戒断症状，而在卵泡期（28 日周期中的第 1～14 日）戒烟会使戒断症状更轻，且选择卵泡期作为戒烟日的 9 周戒烟率比选择黄体期者高出 1 倍（71% *vs.* 31%）。因此，建议女性戒烟者在其月经周期的第 1～14 日戒烟。

戒烟日当天的建议：喝大量的水；做运动，因为运动可以释放压力，降低吸烟渴求；不要熬夜，保持充足的睡眠；随身携带口香糖或其他零食，让自己的手和口忙碌起来，但是不能携带香烟；当吸烟渴求出现时，触摸自己的足趾，做10次；告诉自己等会儿吸烟的渴求就会慢慢减少或消失；做放松练习，深呼吸；反复说出自己的戒烟宣言和计划；与自己对话，反复说“今天是个特殊的日子”“不，谢谢！我现在不吸烟了！”；再次确认清除了所有的烟草、打火机、烟灰缸等物品；清洗汽车内部并除烟味。

3. 应对烟草戒断症状

烟草（尼古丁）成瘾或依赖包括2个方面：一是行为/心理依赖，二是躯体依赖。大多数戒烟后又复吸者是因为对尼古丁有心理依赖。对很多吸烟者来说，摆脱对尼古丁的躯体依赖是很困难的，但躯体依赖（即戒断症状）在刚开始戒烟时最严重，很快就会消失，一般是1～2周，很少超过1个月。

戒断症状因人而异，一些戒烟者感觉不到任何症状，而另一些戒烟者则表现出明显的戒断症状。引起戒断症状效应的一个因素是体内的尼古丁含量。如果戒烟者采用逐渐减量戒烟，那么戒断症状可能较少，因为到戒烟日时其已经连续减少尼古丁的摄入量了。如果戒烟者选择立即完全戒烟，可能会感觉到更多的戒断症状，因为其体内的尼古丁浓度突然降低。戒烟约1周，戒烟者才能完全清除体内的尼古丁。立即完全戒烟时，大部分尼古丁在最初的3～4日被清除，这段时间戒断症状最严重。尼古丁通过肾排出体外，故建议戒烟者增加水的摄入量。

通常，戒烟者会在最后 1 支烟后的 2 小时内感受到戒断症状，许多症状在 24～48 小时达到顶峰，并在数日至数周的时间内消退。虽然这些戒断症状通常是暂时的，但其带来的不适可能对戒烟者产生相当大的影响，并易导致复吸。认识各种戒断症状，可以帮助戒烟者了解需要努力应对哪些症状。

针对吸烟者的戒断症状主诉可以采取相应措施。例如，感觉紧张、烦躁者可以做深呼吸或散步；不能集中注意力者可以减少工作量；感觉身体疲乏且总想睡觉者应保证充足的睡眠；总想吃东西者可以多吃一些蔬菜、水果替代吸烟，不要吃高热量的零食。

4. 应对烟草渴求和预防复吸

由于身体需要重新适应没有尼古丁的状态，在适应前戒烟者可能会出现各种戒断症状，包括吸烟渴求。然而，大多数戒断症状消退后吸烟渴求可能仍存在，其原因为在戒烟过程中，吸烟渴求不仅由戒断引起，吸烟相关的条件或线索刺激也可诱发戒烟者对烟草的渴求，这是一部分戒烟者在戒烟后数月甚至数年内仍存在吸烟渴求的原因。很多情境、周围的人都可能与戒烟者曾经的吸烟行为有关，这些可作为条件或线索诱发戒烟者的吸烟渴求，当戒烟者暴露于相关刺激（如看到身边的吸烟者手上拿着香烟或正在吸烟）时，戒烟者既可能产生躯体渴求，也可能会产生心理渴求。使用戒烟药物可以在很大程度上缓解尼古丁戒断带来的躯体渴求，但戒烟药物对环境刺激诱发的吸烟渴求（如见到别人吸烟或递烟给自己）没有作用。与躯体渴求相比，心理渴求的持续时间更长，有部分戒烟者甚至在戒烟 1 年后仍存在心理渴求。随着时间的推移，吸烟渴求会不断减少；且吸烟渴求来临时，虽然可能会很强烈，但无论是否吸烟，都可能在 5～10 分钟消失。每成功抵挡一次吸烟渴求，戒烟者就更接近彻底戒烟。

吸烟渴求是导致复吸的重要原因，在戒烟过程中，应对吸烟渴求至关重要。使用下列措施可以帮助戒烟者减少和抵制吸烟渴求：大量喝水；嚼口香糖或其他可以让口忙起来的零食；剥瓜子或玩指间陀螺或其他可以让手忙碌起来的东西；触摸足趾尖；用与自己对话的方式来提醒自己戒断症状只是暂时的；当戒烟者想吃东西的时候，可以吃一些健康的食物，多喝水或健康果汁，有助于身体清除吸烟带来的有害物质；注意不要饮酒，饮酒会降低戒烟者的判断力和意志力；增加运动量；做一些与吸烟无关的活动来分散注意力；避免那些与吸烟有关的事情；做一些健康或自我提升的事情，如洗个热水澡、参加一个学习班；做放松练习，用深呼吸来增加大脑的氧气量，让自己感到平静；回顾自己戒烟的理由等。

（三）接受药物干预帮助戒烟

接受戒烟药物帮助，一是可以使戒烟者在戒烟期间缓解尼古丁的戒断症状和吸烟渴求，从而避免复吸；二是可以阻止或减少戒烟者每次吸烟后带来的愉悦效果，戒烟后即使再有吸烟行为也不会有那么强烈使戒烟者回到吸烟状态的诱惑；三是尼古丁替代产品含有尼古丁，但不会成瘾。尼古丁快速作用于大脑是人们吸烟并产生依赖的主要原因。尼古丁替代产品基于“替代”尼古丁的原则，通过一种安全、不成瘾、非烟草使用的方式向戒烟者提供小剂量的尼古丁制剂，取代烟草中的尼古丁，从而缓解戒烟后因体内尼古丁缺乏引起的戒断症状和吸烟渴求。在使用一段时间后，戒烟者的尼古丁摄取量逐渐减至最低，最终达到戒烟的目的。

世界卫生组织推荐的一线戒烟药物包括尼古丁替代疗法类产品（尼古丁透皮贴剂、尼古丁口香糖、尼古丁鼻喷剂、尼古丁吸入剂及尼古丁舌下含片）和非尼古丁药物（盐酸安非他酮缓释片和酒石酸伐尼克兰片）。这些药物均有效，可提高戒烟率。中国国家药品监督管理局批准使用的一线戒烟药物包括尼古丁透皮贴剂（非处方药）、尼古丁咀嚼胶（非处方药）、尼古丁舌下含片（非处方药）、盐酸安非他酮缓释片（处方药）、酒石酸伐尼克兰片（处方药）等，这些戒烟药物都可以减少或消除戒断症状带来的不适，提高戒烟率。选择戒烟药物时，处方药一定要在医务人员的指导下使用，非处方药也建议在医务人员的指导下使用。如果戒烟者自行购买并使用非处方药，一定要购买官方推荐的一线戒烟药物，且需要在有质量保证的、可信赖的渠道购买并遵照说明书使用。

如果使用尼古丁替代产品，请严格遵照说明书使用。使用尼古丁替代产品时，不能同时吸烟。尼古丁替代产品如尼古丁咀嚼胶的优点为：①可按需使用，灵活控制吸烟渴求。可根据戒烟者的需要（特别是吸烟渴求强烈时）随时使用，以及在不允许吸烟的情况下使用（如在高铁上、电影院中）。咀嚼胶的尼古丁摄取速度比贴剂快，更快速的尼古丁摄取可以快速缓解戒烟者出现的戒断症状或吸烟渴求。②易获得。和尼古丁贴剂一样，尼古丁咀嚼胶也是非处方药，可以在没有医生处方的情况下购买，也可在网上购买。③和尼古丁贴剂不同的是，尼古丁咀嚼胶需要经常咀嚼，给戒烟者带来更多感觉，包括咀嚼行为带来的运动觉，尼古丁味道带来的味觉，这 2 种感觉有利于提醒戒烟者正在使用戒烟药物，有助于分散戒烟者的注意力，从而降低吸烟渴求。其缺点为：虽然尼古丁咀嚼胶使用灵活，但是需要频繁地咀嚼才能达到充足的剂量。每天需要咀嚼 10 片以上，或每 1～2 小时就要咀嚼 1 片。有的戒烟者可能会忘记咀嚼或在一些情况下不方便咀嚼，导致用量不足，从而不能很好地缓解戒断症状和吸烟渴求。有的戒烟者不喜欢尼古丁咀嚼胶的味道，或咀嚼时感觉喉咙不舒服，这样也可能降低依从性。

（四）寻求成瘾 / 心理专业机构及人员的帮助

若烟草成瘾比较严重，戒烟者难以在自助情况下戒烟，应寻求成瘾 / 心理专业机构或医生的帮助，定期咨询和接受成瘾医学治疗来戒烟。

世界卫生组织在 2020 年 3 月 11 日宣布新型冠状病毒肺炎疫情为全球大流行病（指传染病在多个国家出现重大且持续的人传人状况）。疫情下，人们需要免疫力抵抗该病毒。毫无疑问，戒烟可以带来健康益处、增强免疫力。新型冠状病毒肺炎疫情让人们更加体会到健康的重要性，健康的生活方式从预防吸烟和戒烟开始。

小结： 新型冠状病毒肺炎疫情增加了公众发生烟草成瘾的风险，也可能导致烟草成瘾者症状加重或复发。本部分介绍了突发应急事件对吸烟人群的可能影响，提出了烟草成瘾的识别及应对。

（廖艳辉　张瑞岭　谌红献）

第四部分

突发应急事件期间镇静催眠药物滥用与成瘾的识别及应对

镇静催眠药物是一类中枢神经系统抑制药，既可用于诱导和维持睡眠，也可用于抗焦虑。镇静催眠药物的品种较多，各有特色，不能因简单地认为镇静催眠药物就能使人睡好觉而随意使用。使用镇静催眠药物时，需要了解个体睡眠的特性和年龄、失眠的程度、个体要求、药物起效时间的快慢和维持时间的长短，给予合理剂量。

新型冠状病毒肺炎疫情自暴发以来，面对“抗疫”和“居家隔离”的双重压力，人们可能出现显著的失眠和焦虑问题，有人采用积极、健康的方式应对，也有人采用过度使用镇静催眠药物的不良方式来应对，由此增加了镇静催眠药物滥用与成瘾的风险。下文将阐述像新型冠状病毒肺炎疫情这样的突发应急事件对公众睡眠及镇静催眠药物使用人群的影响，以及镇静催眠药物滥用与成瘾的识别及应对。

一、突发应急事件对公众睡眠及镇静催眠药物使用人群的影响

（一）疫情对公众睡眠的影响

受新型冠状病毒肺炎疫情的影响，确诊患者、疑似患者或患者家属、公众中很多人出现了焦虑、失眠等问题。一项以医务人员为主的调查显示，41.13% 的被调查者认为疫情期间睡眠质量一般，6.31% 的被调查者认为睡眠质量糟糕，2.56% 的被调查者认为睡眠质量非常糟糕。症状较轻者可采用心理调节来缓解焦虑、失眠，但严重者需要使用镇静催眠药物。因疫情限制，很多人无法到医院就诊，不能在医生的专业指导下用药，可能会出现镇静催眠药物滥用与成瘾，对个人、家庭、社会产生不良影响，相关部门及个体需要及时识别此类问题并积极应对。

（二）镇静催眠药物的发展

1. 第 1 代镇静催眠药物

第 1 代镇静催眠药物包括巴比妥类药物、水合氯醛、三溴合剂及羟嗪等。巴比妥类药物早在 1864 年已人工合成（巴比妥酸），到了 1903 年才被人们发现具有镇静作用，且认识到巴比妥酸衍生物的药理作用。这类药物的治

疗指数较低，容易产生耐受性和依赖性，药物之间相互影响比较大，中等剂量即可抑制呼吸。

2. 第 2 代镇静催眠药物

第 2 代镇静催眠药物主要指苯二氮䓬类药物。近 10 年来，该类药物仍是临床最常用的镇静、催眠、抗焦虑药物。其中，地西泮曾是临床上使用频率最高的药物。在该类药物中，前期开发的有甲喹酮、甲丙氨酯、氯氮䓬、地西泮，后期开发的有三唑仑、咪达唑仑、氟西泮、硝西泮、艾司唑仑、阿普唑仑、劳拉西泮等。该类药物的特点是治疗指数高、对内脏毒性低、使用安全。到目前为止，该类药物仍是治疗失眠最常用的药物。

3. 第 3 代镇静催眠药物

第 3 代镇静催眠药物主要包括唑吡坦、佐匹克隆、右佐匹克隆、扎来普隆。20 世纪 80 年代后期，人们开发了新一代非苯二氮䓬类镇静催眠药物。唑吡坦是首先上市的该类药物。非苯二氮䓬类药物口服吸收良好，30 分钟就可达血药浓度高峰，药物代谢排泄快，半衰期为 3～6 小时，经肾代谢。该类药物的特点为治疗指数高、安全性高、基本不改变正常的生理睡眠结构、不易产生耐受性和依赖性。

（三）镇静催眠药物的医学使用

镇静催眠药物尤其是苯二氮䓬类药物的特点是起效快、疗效好、短期使用耐受性好及相对安全等，广泛应用于临床，其适应证主要包括焦虑、失眠、激越、癫痫、肌肉痉挛、酒精戒断的治疗及外科手术前的辅助用药。苯二氮䓬类药物分为短效、中效、长效 3 类。短效、中效药物多用于治疗失眠，而长效药物多用于治疗焦虑障碍和酒精成瘾的戒断。

随着使用时间的延长，目前临床对苯二氮䓬类药物的不良反应也有了更全面的认识。总体上，苯二氮䓬类药物短期使用耐受性好、安全有效，但长期使用则由于存在心理和生理上的不良反应、耐受性增加、有效性降低及依赖和撤药（戒断）症状等而存在争议。上述情况限制了苯二氮䓬类药物的长期使用。老年人使用苯二氮䓬类药物发生短期及长期不良反应的风险会增加，使用时应更谨慎。妊娠期妇女使用苯二氮䓬类药物的安全性存在争议，使用时应仔细权衡利弊。苯二氮䓬类药物服用过量可能导致深昏迷，但其毒性远低于巴比妥类药物，单独使用很少导致死亡，但如果与酒精等其他中枢神经抑制药同时使用，则毒性和致死的可能性会增加。

在疫情期间，镇静催眠药物滥用与成瘾的发生、发展及复发与应激状态可能互相影响、互相加重，给患者和社会带来严重的风险。因此，相关部门及个体需要对镇静催眠药物滥用与成瘾尽早识别、关注及应对。

二、镇静催眠药物滥用与成瘾的识别

镇静催眠药物使用者应对照自我使用状况，从临床表现、诊断标准、量表测评等方面来识别镇静催眠药物滥用与成瘾。必要时，镇静催眠药物使用者可以求助于成瘾医学的专业人员及机构来进行专业诊断。

（一）从镇静催眠药物滥用与成瘾的临床表现来识别

1. 镇静催眠药物滥用与成瘾的临床评估

需要了解以下情况：使用的镇静催眠药物的种类、时间、剂量、使用方法；是否使用剂量越来越大，甚至失去控制；是否同时使用酒精、烟草、阿片类药物等其他精神活性物质；减少或停止使用后是否出现身体和心理不适；有无因使用镇静催眠药物造成严重不良后果；是否愿意减少或停止使用镇静催眠药物等。

2. 镇静催眠药物成瘾的临床特征

（1）心理渴求：为核心症状，表现为强烈期望再次获得药物使用的药理效应。

（2）失控性药物使用；为核心症状，表现为难以控制药物使用的时间和剂量、难以停止使用、难以控制获取镇静催眠药物的行为。

（3）耐受性增加：必须增加剂量才能获得既往效果或原来剂量达不到既往效果。

（4）急性戒断症状：一旦停止或减少使用剂量会出现明显的戒断症状，包括胃肠道症状、出汗、震颤、眩晕、头痛，对声音和气味感觉过敏，不安、失眠、焦虑、易激惹，耳鸣，人格解体感等。上述表现通常较轻微，持续几日到几周。严重者可出现癫痫发作、谵妄及高热。

（5）其他不良后果：行为脱抑制、操作能力受损、认知损害、癫痫发作，进而影响正常生活和工作。

（二）从镇静催眠药物滥用与成瘾的诊断标准来评估

根据 ICD-11 的诊断标准，镇静催眠药物成瘾可参照药物成瘾的诊断要点，需要满足以下 3 个及以上的标准（过去 1 年中）确诊：①对药物的强烈渴望；②强迫性的服药行为；③对服药行为无法自我控制；④有撤药后的戒断反应；⑤药物耐受；⑥对其他事物的兴趣及快感缺失；⑦明知药物有不良反应但仍持续服用。

根据 DSM-5 的诊断标准，镇静催眠药物滥用与成瘾可参照镇静催眠药物使用障碍的诊断标准（为一种有问题、导致具有显著临床意义的损害或痛苦的药物使用模式）。在

12 个月内表现为 11 条［①镇静催眠药物、抗焦虑药物的摄入经常比计划的剂量更大或使用时间更长。②有持续使用镇静催眠药物、抗焦虑药物的欲望，或试图控制镇静催眠药物、抗焦虑药物的使用却失败。③在获取、使用镇静催眠药物和抗焦虑药物或从其作用中恢复所花费的时间增加。④渴求使用镇静催眠药物或抗焦虑药物。⑤反复使用镇静催眠药物、抗焦虑药物，严重影响使用者正常的生活、工作、学习和社会交往等。⑥虽然使用镇静催眠药物、抗焦虑药物引起或加重持续的或反复的社会和人际交往问题，但仍继续使用。⑦为使用镇静催眠药物、抗焦虑药物而放弃或减少重要的社交交往、工作或娱乐活动。⑧在对躯体有害的情况下，反复使用镇静催眠药物、抗焦虑药物。⑨虽然认识到镇静催眠药物、抗焦虑药物可能会引起或加重持续的或反复的生理或心理问题，但仍继续使用。⑩耐受，通过下列 2 项中的 1 项来定义：需要显著增加镇静催眠药物、抗焦虑药物的剂量以达到过瘾或预期的效果；继续使用同等剂量的镇静催眠药物、抗焦虑药物，但效果显著降低（此标准不适用于在适当的医疗监督下服用镇静催眠药物、抗焦虑药物的个体）。⑪戒断，表现为下列 2 项中的 1 项：特征性镇静催眠药物、抗焦虑药物戒断综合征（长期使用镇静催眠药物、抗焦虑药物，停止或减少使用后的数小时或数天内出现下列 2 项或更多症状，包括出汗或脉搏超过 100 次 / 分等自主神经活动亢进，手部震颤，失眠，恶心或呕吐，短暂性的视、触、听幻觉或错觉，精神运动性激越，焦虑，癫痫发作）；镇静催眠药物、抗焦虑药物用于缓解或避免戒断症状（此标准不适用于在适当的医疗监督下服用镇静催眠药物或抗焦虑药物的个体）］中的至少 2 条，并将使用障碍划分为轻度（存在 2～3 条）、中度（存在 4～5 条）和重度（存在 6 条或更多）。轻度使用障碍相当于滥用，中度及重度使用障碍相当于成瘾。

（三）从药物滥用与成瘾相关量表测评来识别

测试者可参照药物依赖程度量表（表 4-1）来识别镇静催眠药物成瘾。该量表是自评量表，由 Tung CK 等联合编制，主要用于评估药物依赖者对其使用药物的依赖程度。该量表采用 4 级评分，0 分表示无 / 毫无困难，1 分表示有时 / 有点，2 分表示经常 / 非常，3 分表示总是 / 不可能做到。得分越高，表示药物依赖程度越高，通过对 5 道药物依赖者常见问题的回答，能够准确判断测试者是否存在药物成瘾。

表 4-1　药物依赖程度量表

以下 5 道题是关于你在过去 1 个月使用镇静催眠药物的一些情况，请选择最适合的回答。				
评估内容	无	有时	经常	总是
1. 你曾觉得自己服用药物后变得失去自控力吗?	0	1	2	3

（待　续）

（续　表）

2. 你会因为想到自己要少用一次药物而感到担忧或不安吗?	0	1	2	3
3. 你有担心过服用药物会带来不良反应吗?	0	1	2	3
4. 你有试过停止服用药物吗?	0	1	2	3
5. 在尝试戒除或暂时停止服用药物时，你感到有多大困难?	毫无困难	有点	非常	不可能做到
	0	1	2	3

注：得分越高，表示药物依赖程度越高

三、镇静催眠药物滥用与成瘾的应对

（一）重视镇静催眠药物滥用与成瘾的预防

1. 正确对待疫情信息

要对疫情做到“心中有数”，观看官方发布的关于新型冠状病毒肺炎疫情的报道，不轻信传言、谣言。要相信政府公开的信息，对政府的防疫工作保持足够的信心。此外，在报道越来越多的情况下，应对此事重视，但不因频繁报道而产生恐慌心理，而是认真做好科学、适度的个人防护。

2. 保持良好的生活节律和睡眠习惯

疫情期间，居家隔离者应合理规划生活、规律作息

（按时睡觉、不赖床、尽量减少卧床时间）、合理饮食、适度运动、保持健康的生活方式，避免使用一些有害的应对策略，如使用酒精助眠。

3. 觉察并接纳自己的情绪及睡眠情况

疫情期间出现焦虑、恐惧情绪是人们在面对突发应急事件时的正常反应。轻度的紧张、焦虑情绪可能影响睡眠，但也有利于个体维持警觉状态，不放松防护，保护自己。因此，出现焦虑、恐惧情绪时，不必过度紧张，提醒自己做好防护、不能放松警惕，也可通过正念训练、冥想训练、放松训练等方式来缓解紧张、焦虑等负性情绪。

4. 正确宣泄情绪

压抑、焦虑、恐惧等不良情绪会损害健康，故提倡公众采用正确的途径和方式宣泄情绪，避免采用过度服用镇静催眠药物等方式。例如，居家隔离者可以通过写日记、绘画及做适当的运动宣泄情绪，也可以通过亲朋好友间的有效沟通获取心理支持。如果居家隔离者的焦虑、恐惧等不良情绪不能缓解，反而越来越严重，可寻求专业人员的帮助。

5. 做有意义、有价值感的事情

对抗焦虑、恐惧最有效的方法是克服自己的恐惧，去做更有价值感、更有意义的事情。在自我隔离期间，人们可以对身在疫区的好友表达关心，用自己的专业去做一些相关的科普宣传帮助他人获取更多知识，也可以学习一个有价值的技术、阅读一本好书、陪孩子做游戏、在微博或微信公众号上辟谣一些内容等，这些都是有价值的事情。

（二）镇静催眠药物滥用与成瘾者的应对措施

1. 减少或避免使用镇静催眠药物，用其他方法改善睡眠

在非必需的情况下，镇静催眠药物滥用与成瘾者应尽量减少或避免使用镇静催眠药物，可以先尝试以下方法改善睡眠。

（1）调整生物钟，养成良好的睡眠习惯。睡前 2 小时避免剧烈、兴奋的活动，勿饮用浓茶、咖啡等兴奋性饮料，睡前远离手机等电子产品。晚上做轻松、愉快的事情，如用热水泡脚或温水洗澡、听舒缓的音乐，这样可以让自己的情绪得到放松，有助于改善睡眠。如果睡不着，不要强迫自己入睡，可以起来活动一下或看一会儿书，等有了睡意再次卧床，久而久之，睡眠与床之间便建立了联系。尽量规律作息，按时睡觉、起床。如果必须晚睡也要坚持按时起床，规律的睡眠习惯有助于生物钟的形成，可保证良好的睡眠。

（2）进行正念训练，辅助缓解失眠。过度的紧张、焦虑可引起失眠。正念训练作为一种自我调节练习，对治疗

失眠和睡眠障碍有积极的作用。进行正念训练时，意识会有目的地关注、觉察当下的一切，且对当下的一切又都不做任何判断、分析和反应，只是单纯地觉察它、注意它。正念是一种行为平静的状态，每天进行正念呼吸、身体扫描或冥想有利于睡眠。

（3）建立自己的社会或家庭支持系统。倾诉可以有效帮助个体缓解紧张、焦虑等情绪，从而改善睡眠。镇静催眠药物滥用与成瘾者可以向家人或信赖的人倾诉，采取“抱团取暖”的方式来帮助自己解决疫情期间遇到的情绪和睡眠问题。家人可以通过交流、相互支持、鼓励等帮助镇静催眠药物滥用与成瘾者缓解紧张、焦虑等负性情绪。家庭支持系统在帮助镇静催眠药物滥用与成瘾者预防复发方面起积极的作用。

（4）进行认知行为治疗。失眠是由情绪（紧张、恐惧）、想法（担心、灾难化联想）和行为（想睡觉、强迫自己睡觉）的交互作用引起的。目前，认知行为治疗能够有效解决失眠问题。常用的技术包括刺激控制、睡眠限制、放松训练及睡眠习惯，下文介绍前三者。

1）刺激控制：目的是重建床或卧室与正常睡眠的联系，主要内容为仅在有睡意的时候上床休息；避免在床上或卧室里做与睡眠无关的事情；醒来的时间超过 15 分钟就离开卧室，再次有困意时才能回到卧室；设置固定的起床时间。

2）睡眠限制：这是一种被广泛采用的行为疗法，主要是通过减少花费在床上的非睡眠时间来提高睡眠效率。具体做法是：①了解自己的睡眠情况。先做 1 周的睡眠日记，包括几点上床、几点睡着、几点醒来等。②根据日记计算出该周每晚平均的睡眠时间和睡眠效率（睡眠效率为睡眠时间占全部躺在床上时间的百分比）。例如，一个人每晚卧床 8 小时里只睡着 4 小时，睡眠时间即为 4 小时，睡眠效率为 50%。③以上周平均每晚睡眠时间作为本周每晚可躺在床上的时间，但要固定起床时间，且卧床的时间不能＜4 小时。④如果本周平均每晚的睡眠效率达 90% 以上，则下周可提早 15～30 分钟上床；如果睡眠效率在 80%～90%，则下周维持原来时间；如睡眠效率低于 80%，则下周上床时间要推迟 15～30 分钟。

需要注意的是，先早起才能早睡。无论什么时候上床，每天都必须同一时间起床，且不要在白天补充睡眠。通过周期性训练可以提高睡眠效率。

3）放松方法：可以尝试一些放松的方法来改善睡眠，如渐进式肌肉放松训练、自主训练、生物反馈、想象练习、冥想等。

2. 妥善管理镇静催眠药物，加强观察和支持

疫情期间，负性情绪可以作为诱因诱发镇静催眠药物滥用行为。家人应注意妥善保管镇静催眠药物，且可以通

过观察患者的日常生活节律来间接了解患者的镇静催眠药物使用情况。

使用镇静催眠药物时需特别注意：①饮酒后不宜服用镇静催眠药物。酒精和镇静催眠药物都有抑制中枢神经作用，不应同时使用，以免中枢神经过度抑制造成伤害。②镇静催眠药物长期使用易产生耐药性及依赖性，应交替使用，并尽量避免长期使用同一种药物。世界卫生组织提出，镇静催眠药物的应用以 4 周为限，如果应用一种药物 4 周后仍失眠，建议换用另一种镇静催眠药物，这样做可以减少药物的耐受性。③服用镇静催眠药物者在次日白天可出现困倦、头晕、嗜睡等症状，会降低驾驶员和机械操作者的注意力，这类人群服用后应注意避免驾车、操纵机器和高空作业，以免发生事故。④长期使用镇静催眠药物者应权衡风险及获益，严格控制每次处方剂量。⑤医生应关注多药滥用、老年等特殊群体的成瘾风险；对于有药物滥用易感素质者或成瘾风险因素高者，不宜将苯二氮䓬类药物作为一线药物使用。

医生及患者家人应重视治疗过程中的随访评估，至少 2～4 周随访 1 次，对成瘾高危个体要增加随访频率；随访时应重点评估以下方面，包括疗效及安全性、是否合理规范使用、有无耐受性、有无其他药物和酒精滥用；及早识别镇静催眠药物的依赖症状，包括有无编造理由获取医生处方、有无在多个医生处开药、有无通过其他渠道购买药物，若有则高度提示滥用风险；有无镇静催眠药物成瘾的某些特征，如果患者符合依赖综合征的诊断，则应及早进行专业治疗。

（三）寻求专业人员的帮助

如果镇静催眠药物滥用与成瘾者尝试以上方法均不能改善睡眠情况，或镇静催眠药物成瘾比较严重，难以在自助情况下戒除，建议寻求睡眠医学科或成瘾 / 心理专业机构及人员的帮助，定期咨询和接受成瘾医学治疗来戒除镇静催眠药物滥用与成瘾。

小结：新型冠状病毒肺炎疫情增加了公众发生镇静催眠药物滥用与成瘾的风险，也可能导致镇静催眠药物滥用与成瘾者症状加重或复发。本部分介绍了突发应急事件对镇静催眠药物使用群体的可能影响，提出了镇静催眠药物滥用与成瘾的识别及应对。

（徐亚辉　刘学兵）

第五部分

突发应急事件期间毒品成瘾的识别及应对

毒品成瘾是严重的公共卫生问题和社会问题。《2019年中国毒品形势报告》显示，截至2018年底，全国登记在册的吸毒人员达240.4万，实际吸毒人数可能高达1400万。毒品成瘾者渴求强、复吸率高，共病其他躯体、精神障碍非常普遍。据报道，50%～70%的毒品成瘾者共病其他精神障碍，20%～50%的其他精神障碍患者共病物质使用障碍。此外，长期吸毒者常营养不良、免疫力下降，增加患其他躯体疾病的风险，感染新型冠状病毒肺炎的风险高、治疗难度大。

新型冠状病毒肺炎疫情自暴发以来，面对“抗疫”和“居家隔离”的双重压力，人们可能出现恐惧、紧张、焦虑、失眠、空虚无聊、躯体不适等问题，有人采用积极、健康的方式应对，也有人采用吸食毒品等不良方式来应对，由此增加毒品成瘾的发生风险。本部分将阐述像新型冠状病毒肺炎疫情这样的突发应急事件对吸毒人群的影响，以及毒品成瘾的识别及应对。

一、突发应急事件对吸毒人群的影响

疫情期间，导致毒品成瘾及复发的风险因素较多，可归纳为3个：一是毒品的可获得性，目前公众居家隔离，可能会有小群体通过网络联系获得毒品；二是具有滥用倾向的易感人群（具有一定遗传素质、患有精神障碍、个性中具有追求新奇刺激特征者）在疫情期间可由心理社会因素导致毒品成瘾的发生概率增加；三是社会、家庭环境，生活于混乱家庭、遭受虐待、父母有酒药滥用史、父母对酒药滥用持放任态度、受不良朋友影响等情况下，发生毒品成瘾的可能性增加。对于吸毒康复者，有研究显示，其习惯采用既往的行为模式来应对应激状态下的负性情绪。此外，新型冠状病毒肺炎的暴发也给吸毒者的康复和诊治带来了困难。因此，疫情期间应确保已有的毒品成瘾者继续接受规律有效的治疗、降低复发风险及预防新发患者。

疫情期间，毒品成瘾的发生、发展及复发与应激状态可能互相影响、互相加重，给患者和社会带来更严重的风险。因此，相关部门及个人需要对毒品成瘾尽早识别、关注及应对。

二、毒品成瘾的识别

吸毒者应对照自我吸毒状况，从临床表现、诊断标准、量表测评等方面来识别吸毒成瘾。必要时，吸毒者可以求助于成瘾医学的专业人员及机构来进行诊断。

（一）从毒品成瘾的临床表现来识别

临床识别是做出正确诊治方案的前提，进行完整的临床评估是必要的。对于吸毒者，需要从以下几个方面进行识别。

1. 毒品有害使用

毒品有害使用是一种适应不良方式，由于反复使用毒品导致明显的不良后果，如不能完成重要的工作、学业，损害了躯体健康、心理健康，导致法律上的问题等。

2. 毒品依赖

毒品依赖是指个体尽管明白使用毒品会带来明显的危害，但还继续使用，自我用药的结果导致耐受性增加、戒断症状和强迫性觅药行为。毒品依赖的特点为无法克制的毒品觅求冲动，强迫性地、连续地使用毒品，以体验其带来的欣快感和愉悦感，并避免可能产生的戒断症状。吸毒者会出现吸毒量越来越大及强烈的吸毒渴求等表现。

（1）吸毒量越来越大：即产生耐受性，吸毒者必须增加使用剂量方能获得所需的效果，而使用原来的剂量则达不到吸毒者所追求的效果。

（2）强烈的吸毒渴求：期望再次获得毒品的效应，渴求往往与环境有关；诱发渴求的因素包括戒断症状、焦虑、抑郁、兴奋、接触与毒品相关的人和地点等。

3. 毒品的戒断反应

毒品的戒断反应是指停止使用毒品或减少使用剂量，或使用拮抗药占据受体后所出现的特殊的心理、生理症状。机制是由于长期使用毒品后，突然停止引起的适应性反跳。不同毒品所致的戒断症状因其不同的药理特征而不同，一般表现为与所使用毒品的药理作用相反的症状。

4. 复吸

复吸是指成功戒断后再次使用毒品。这是成瘾行为的共性，患者多次戒断，但坚持短暂的时间后再次使用毒品，预防复吸是一个长期过程。

（二）从毒品成瘾的诊断标准来识别

根据 ICD-11，毒品成瘾的临床诊断标准为在过去 1 年内体验过或表现出下列 6 条中的至少 3 条：①对毒品有强烈渴望或冲动感。②对吸毒行为的开始、结束及毒品使用剂量难以控制。③当停止使用毒品或减少毒品使用剂量时出现生理戒断症状。④出现耐受的表现，如必须增加毒品的使用剂量才能获得与过去较少剂量就能获得的感受。⑤因使用毒品逐渐减少其他爱好或兴趣，在获取、使用毒品或从其作用中恢复过来所花费的时间逐渐增加。⑥不顾及毒品的危害而坚持使用，如过度使用毒品引起相关疾病后仍然继续使用。

（三）从毒品成瘾的量表测评来识别

参照下列测评量表评估毒品使用的严重程度，具体量表可以在网上寻找并可尝试自助测评。

（1）精神活性物质使用相关问题筛查量表（alcohol, smoking and substance use in-volvement screening test, ASSIST）。

（2）成瘾严重程度指数量表（addiction severity index, ASI）。

（3）对吸毒者精神症状的评估可使用症状自评量表（symptom check-list 90，SCL-90）、焦虑自评量表（self-rating anxiety scale，SΛS）、抑郁自评量表（self-rating depression scale，SDS）、汉密尔顿焦虑量表（Hamilton anxiety scale, HAMA）、汉密尔顿抑郁量表（Hamilton depression scale, HAMD）及简明精神病评定量表（brief psychiatric rating scale，BPRS）等。

三、毒品成瘾的应对

针对我国的毒品滥用形势，应采用三级预防措施来减少毒品成瘾者的数量。一级预防是针对普通人群的预防。二级预防是针对易感人群的预防，预防活动必须深入易感人群，根据不同人群的实际需要制定相应的预防措施，目的在于促进健康的生活方式，让预防对象能参加到预防活动中来。三级预防是指为毒品成瘾者提供戒毒、康复、重返社会等一系列服务，来减少毒品成瘾者的数量。一级预防、二级预防、三级预防共同构成毒品成瘾防控网络，三者缺一不可。

（一）重视对毒品成瘾的预防

1. 科学认识疫情，正确认识毒品

公众可以借助官方媒体了解新型冠状病毒肺炎的科学防护知识和措施，加强自我防护，但应避免信息过载或虚假信息造成消极影响。如果个体已经出现心理或生理不适，应转移注意力，可以做些令自己感觉轻松愉快的事情来缓解负面情绪，如聊天、做家务、听音乐、做手工等，避免通过使用毒品来缓解不良情绪。通过多种途径学习毒品成

瘾相关知识，利用多种媒体如电视、广播、报刊、网络等了解毒品对人类的危害，提高对毒品的警觉性。

2. 尽量维持健康的生活方式

公众应合理规划生活，保持健康的生活方式。在隔离期间，公众应维持合理的生活规律，按时睡觉、合理饮食、适度运动能使自己有充沛的精力去应对日常工作和生活。

3. 正确宣泄情绪，积极应对心理问题

情绪虽然有正性、负性之分，但情绪本身并无好坏，个体要学会接纳自己的负性情绪，将其视为正常反应，选择合适的调整方法，而不去排斥和攻击自己。个体有焦虑、恐惧等不良情绪时可以通过电子邮件、电话、微信等方式与朋友倾诉自己的感受；利用相关资源学习一些简单实用、操作性强、具有循证证据的自我心理调适方法（如肌肉放松训练、正念训练、不良情绪识别与应对等）；避免使用毒品来应对负性情绪或其他心理问题。

（二）毒品成瘾高危人群的应对

成瘾障碍的高危人群包括应激反应强烈者、睡眠障碍者、吸烟和饮酒人群、青少年人群、具有某些特定性格特征（如冲动、好奇）者、已戒除成瘾行为者及合并精神障碍患者等。

1. 积极开展应对技能训练

参考既往重大突发应急事件后成瘾行为的变化发展趋势，高危人群应学习适应性的应对技能，如保持健康的生活方式、学习自我心理调适方法进行压力管理、合理应对不良情绪及学会心理求助等。高危人群可通过学习毒品成瘾的相关知识、掌握心理调适方法和技巧，尽早识别毒品成瘾的相关风险因素，预防成瘾问题发生。

2. 充分利用家庭支持系统

家庭支持在预防高危人群使用成瘾性物质方面起重要作用。家人可以通过稳定家庭关系、帮助高危人群缓解负性情绪、协助应对高危因素等方式来达到预防使用成瘾性物质的目的。高危人群和家人应该知道，应激状态下出现轻微的紧张、焦虑情绪是一种正常现象，有利于个体维持警觉状态，不必过度紧张。疫情隔离期间，高危人群要注重家人之间的关系，家人要多和高危人群沟通并了解其心理动态，定期召开家庭讨论会，帮助高危成员通过各种活动逐渐加深与其他家人之间的相互联系，采取“抱团取暖”的方式来帮助高危人群解决疫情期间遇到的问题。

3. 通过自助组织自助

高危人群在自助组织里相互帮助、相互鼓励、相互接受、互诉吸毒不良体验及戒毒成功感。戒毒成功者可指导新来者战胜心瘾及克服不良情绪。高危人群也可以通过网络群体治疗发现他们之间的共同问题，促进相互理解，表达自己的情感，学习如何表达自己的意愿。

（三）主动寻求专业人员的帮助

目前，我国针对毒品成瘾的干预机构主要包括自愿戒毒康复机构、强制隔离戒毒机构、美沙酮维持治疗门诊和社区治疗。疫情期间，这些机构应在加强新型冠状病毒肺炎预防措施的同时，尽可能保证治疗康复工作的连续性。

1. 必要时接受专业人员的帮助

各医疗机构或其他社会服务机构提供的心理援助热线或线上咨询服务可以解决大多数毒品成瘾者的心理问题。但当毒品成瘾者出现较严重的情绪障碍或精神行为问题已明显影响日常生活和社会功能时，应及时到精神卫生专业机构进一步诊治，由专业医生在评估的基础上选择适当的药物对症处理。

2. 社区干预

毒品使用高危人群大多数疏远了家庭和社区，隔离感增加，从而影响了治疗和康复。因为家庭和社区是治疗和康复体系的重要组成部分，所以社区工作人员必须尽力减少成瘾“污名”对干预效果和康复所造成的阻碍，疫情隔离期间尽量安排高危人群参加社区志愿者活动，让他们体验到互助的成就感，并能帮助其恢复社会功能，体验到个人价值的实现。

总之，毒品成瘾者作为一个特殊群体，在病因、发病机制、临床表现、治疗措施及管理方面都有别于其他疾病。根据应激易化成瘾行为的理论，加上环境条件等多个方面的限制，在新型冠状病毒肺炎疫情期间，成瘾相关障碍患者可能增加，已有吸毒者的疾病也可能加重或复发。普通人应远离毒品、珍爱生命！

小结：新型冠状病毒肺炎疫情增加了公众发生毒品成瘾的风险，也可能导致毒品成瘾者症状加重或复发。本部分介绍了突发应急事件对毒品成瘾者的可能影响，提出了毒品成瘾的识别及应对。

（苗　琴　杜　江）

参 考 文 献

[1] 中华医学会精神医学分会，中华预防医学会精神卫生分会，中国医师协会精神科医师分会，等. 关于游戏障碍防治的专家共识（2019 版）.［2020-10-13］. http://guide.medlive.cn/guideline/18484.

[2] Patricia Wallace. 互联网心理学. 荀建新，译. 北京：中国轻工业出版社，2001.

[3] 中国健康教育中心. 中国青少年健康教育核心信息及释义（2018 版）. 健康向导，2018，6：42-46.

[4] 中国互联网络信息中心. 中国互联网络发展状况统计报告.（2019-08-30）［2020-10-13］. https://baijiahao.baidu.com.

[5] Young KS. Internet addiction: symptoms, evaluation and treatment. Clinical Practice, 1997, 17: 19-31.

[6] Young KS. Internet addiction: the emergence of a new clinical disorder. CyberPsychology & Behavior, 1998, 3: 237.

[7] WHO. Global status report on alcohol and health-2018. (2018-09-21) [2020-10-13]. https://www. who. int/substance_abuse/publications/global_alcohol_report/en/.

[8] Bridget F, Grant S, Patricia C, et al. Prevalence of 12-month alcohol use, high-risk drinking, and DSM-IV alcohol use disorder in the United States. 2001—2002 to 2012—2013. Results from the national epidemiologic survey on alcohol and related conditions. JAMA Psychiatry, 2017, 74 (9): 911-923.

[9] GBD 2016 Alcohol Collaborators. Alcohol use and burden for 195 countries and territories, 1990—2016: a systematic analysis for the Global Burden of Disease Study 2016. Lancet, 2018, 392 (10152): 1015-1035.

[10] Angela M Wood, Stephen Kaptoge, Adam S Butterworth, et al. Risk

thresholds for alcohol consumption: combined analysis of individual-participant data for 599 912 current drinkers in 83 prospective studies. Lancet, 2018, 391 (10152): 1513-1523.

[11] 周旭辉，郝伟. 我国酒精相关障碍的流行病学研究进展. 中国药物依赖性杂志，2013，22（6）：416-418.

[12] 郝伟. 酒精相关障碍诊断与治疗指南. 北京：人民卫生出版社，2014.

[13] 郝伟. 成瘾医学理论与实践. 北京：人民卫生出版社，2016.

[14] Forouzanfar MH, Afshin A, Alexander LT, et al. Global, regional, and national comparative risk assessment of 79 behavioural, environmental and occupational, and metabolic risks or clusters of risks, 1990—2015: a systematic analysis for the Global Burden of Disease Study 2015. Lancet. 2016, 388 (10053): 1659-1724.

[15] Jiménez-Ruiz CA, Andreas S, Lewis KE, et al. Statement on smoking cessation in COPD and other pulmonary diseases and in smokers with comorbidities who find it difficult to quit. European Respiratory Journal, 2015, 46 (1): 61-79.

[16] Scanlon PD, Connett JE, Waller LA, et al. Smoking cessation and lung function in mild-to-moderate chronic obstructive pulmonary disease: the lung health study. American Journal of Respiratory and Critical Care Medicine, 2000, 161 (2): 381-390.

[17] Zhou F, Yu T, Du R, et al. Clinical course and risk factors for mortality of adult inpatients with COVID-19 in Wuhan, China: a retrospective cohort study. Lancet, 2020, 395 (10229): 1054-1062.

[18] Liu W, Tao ZW, Lei W, et al. Analysis of factors associated with disease outcomes in hospitalized patients with 2019 novel coronavirus disease. Chin Med J (Engl), 2020, 133 (9): 1032-1038.

[19] O'malley SS, Wu R, Mayne ST, et al. Smoking cessation is followed by increases in serum bilirubin, an endogenous antioxidant associated with lower risk of lung cancer and cardiovascular disease. Nicotine & Tobacco

Research, 2014, 16 (8): 1145-1149.

[20] Liao Y, Wu Q, Kelly BC, et al. Effectiveness of a text-messaging-based smoking cessation intervention ("Happy Quit") for smoking cessation in China: a randomized controlled trial. PLoS Medicine, 2018, 15 (12): e1002713.

[21] 中华人民共和国国家卫生健康委员会. 中国临床戒烟指南（2015 年版）. 临床指南汇编数据库，2019，1（1）：e52-e70.

[22] 刘铁桥，司天梅，张朝辉，等. 苯二氮䓬类药物临床使用专家共识. 中国药物滥用防治杂志，2017，23（1）：4-6.

[23] 叶增杰，梁木子，高颖怡，等. 苯二氮䓬类药物依赖的诊治进展. 医学与哲学，2018，39（591）：65-68.

[24] Darker CD, Sweeney BP, Barry JM, et al. Psychosocial interventions for benzodiazepine harmful use, abuse or dependence. Cochrane Database Syst Rev, 2015, 5 (1): CD009652.

[25] Sirdifiel DC, Chipchase SY, Owen S, et al. A systematic review and meta-synthesis of patients' experiences and perceptions of seeking and using benzodiazepines and Z-drugs: towards safer prescribing. Patient, 2017, 10 (1): 1-15.

[26] Straub RH, Cutolo M. Psychoneuroimmunology-developments in stress research. Wien Med Wochenschr, 2018, 168 (3-4): 76-84.

[27] 马宁，马弘，李凌江.《新型冠状病毒感染的肺炎疫情紧急心理危机干预指导原则》专家解析. 中华精神科杂志，2020，53（2）：E001.

[28] Wemm SE, Sinha R. Drug-induced stress responses and addiction risk and relapse. Neurobiol Stress, 2019, 10: 100148.

[29] Thakkar MM, Sharma R, Sahota P. Alcohol disrupts sleep homeostasis. Alcohol, 2015, 49 (4): 299-310.

[30] Bao Y, Sun Y, Meng S, et al. 2019-nCoV epidemic: address mental health care to empower society. Lancet, 2020, 395 (10224): e37-e38.